W0304290

Christoph Jenisch

Buffalo Bill im Palmengarten

und andere Frankfurter Unglaublichkeiten

SOCIETÄTSVERLAG

Alle Rechte vorbehalten • Societäts-Verlag
© 2010 Frankfurter Societäts-Druckerei GmbH
Satz: Nicole Proba, Societäts-Verlag
Umschlaggestaltung: Sebastian Sell und Daniel Günther, Frankfurt
Druck und Verarbeitung: CPI – Ebner & Spiegel, Ulm
Printed in Germany 2010

ISBN 978-3-7973-1218-1

Für Dirk

Es ist einzig in der Historie!
Bitte, zuerst nicht zu glauben,
daß ich lügen oder poetisch sein wolle.
Ich bin allhier und fast erfreut
über die Herrlichkeit dieser Stadt.

Justinus Kerner 1809 über Frankfurt am Main

Inhaltsverzeichnis

Es wird Nacht, die Preußen kommen und Herr Geldmacher hat eine Idee

Am Rhein singt man zum Karneval gerne, man wolle den Dom in Kölle lasse – in Frankfurt käme man noch nicht einmal auf die Idee, auch nicht nach dem Genuss eines Zwölfer-Bembels zur Faschingszeit, dass der Dom weggegeben werden könnte. Oder aufgrund irgendeines anderen Schicksalsschlages plötzlich nicht mehr da sein könne. Allein der Gedanke daran würde zur sofortigen Nüchternheit führen und jede Fröhlichkeit im Keim ersticken. Der Dom war schon immer da, und da bleibt er auch, alles andere würde ja auch nur Verwirrung stiften.

Generell ist der Frankfurter Veränderungen gegenüber, sagen wir's mal vorsichtig, kritisch eingestellt. Wenn er sich's erst mal eingerichtet hat, soll's auch so bleiben. Wer jemals morgens zur Arbeit ging, seine Nachbarn schwatzend am Gartenzaun stehen sah und sie dort bei der abendlichen Heimkehr immer noch vorfand, weiß ungefähr, was gemeint ist.

Was der Frankfurter aber fast noch weniger mag, ist, wenn man ihm reinredet. »Willste net enei komme? Die Supp wird kald.« Nein, will und kann er jetzt nicht. Er steht jetzt am Zaun und schwätzt. Außerdem muss er ja aufpassen, dass nichts wegkommt. Der Dom zum Beispiel, die Menschen kommen ja auf die merkwürdigsten Ideen.

Vor diesem Hintergrund war 1867 ein fürchterliches Jahr für den Frankfurter. Zuerst hatte man angefangen, ihm reinzureden, und dann war über Nacht auch noch der Dom weg, jedenfalls fast.

Der Dom war für den Frankfurter immer mehr als nur eine Kirche, er war quasi Kristallisations-, ja Kulminationspunkt des Frankfurter Lokalbewusstseins, und seine Bedeutung für die physische und psychische Stabilität der Frankfurter ist kaum zu überschätzen. Aber während der Dom schon immer da war und man fest davon ausging, dass er auch immer da bleiben würde, war es um die Souveränität der Stadt schwieriger bestellt. Die Selbstständigkeit musste immer wieder verteidigt werden, denn die neidischen Nachbarn aus Offenbach, Hanau und Kronberg, die Schweden und die Franzosen und manchmal sogar der Kaiser hatten immer wieder versucht, dem Frankfurter reinzureden – aber sie hatten es nie geschafft, jedenfalls nicht dauerhaft. Schließlich hatte man einen vom Wiener Kongress verbrieften Anspruch auf Selbstständigkeit.

König Wilhelm I. von Preußen allerdings waren verbriefte Ansprüche herzlich egal, denn die Stadt am Main hatte es geschafft, ihn gründlich zu verärgern. Frankfurt war als Freie Stadt Mitglied im Deutschen Bund, und als Preußen im Bundestag beantragt hatte, Österreich auszuschließen, hatte Frankfurt so darauf reagiert, wie man in dieser Stadt schon seit Jahrhunderten mit diplomatischen Herausforderungen umgegangen war: Man hatte sich neutral verhalten und allen Seiten freundliche Komplimente gemacht. Das spiegelte durchaus die Stimmung in der Stadt wider, denn zum einen gab es ebenso viele preußen- wie österreichfreundliche Mitbürger, zum anderen sah man den Konflikt zwischen den beiden Mächten sowieso als deren Problem an. Außerdem war die Politik der freundlichen Gesten nach allen Seiten über Jahrhunderte hinweg erfolgreich gewesen. Dummerweise hatte man zwar dem preußischen König durch eine Abordnung ebenso höflich wie unverbindlich erklären lassen, wie wohlgesonnen man ihm sei, im Bundestag aber nicht für Preußen gestimmt und ganz allgemein einfließen lassen, dass man ein souveräner Staat sei und das auch zu bleiben gedenke.

Der König tobte. Das Verhalten der kleinen Stadt am Main, die sich für groß und wichtig hielt, konnte er nur als Affront empfinden. Er bevorzugte eine klare Politik auf Grundlage eindeutiger Entscheidungen. Wer nicht für ihn war, war gegen ihn – und wer gegen ihn war, musste sich warm anziehen.

Nachdem er Österreich besiegt hatte, machte Wilhelm mit der Freien Stadt Frankfurt dann auch nicht viele Umstände und ließ sie am 16. Juli 1866 von preußischen Truppen besetzen. Eine erste Kontributionszahlung in Höhe von 5.747.000 Gulden in Silber wurde eingefordert, gezahlt und in acht Eisenbahnwaggons nach Berlin geschafft. Vier Tage später traf beim Frankfurter Älteren Bürgermeister Karl Konstantin Victor Fellner eine weitere Kontributionsforderung über 25 Millionen Gulden ein. Eine Abordnung der Frankfurter Handelskammer unter Baron von Rothschild intervenierte und versuchte, dem preußischen Kommandanten die Unmöglichkeit einer solchen Zahlung begreiflich zu machen – immerhin ging es um einen Betrag mit einer heutigen Kaufkraft von rund 500 Millionen Euro. Dass ein Großteil des Frankfurter Vermögens schon Wochen zuvor nach London, Paris und Zürich verbracht worden und die Zahlung schon allein deshalb nicht möglich war, verschwieg die Delegation. Der preußische Kommandant war denn auch, wie er mitteilen ließ, »durch die Phrasen fatigiert und an den Kaufmann von Venedig erinnert« und warf die Delegation hinaus. Anschließend ließ er dem Bürgermeister Fellner die Bitte zukommen, er möge doch schnellstmöglich eine Liste der Mitglieder aller öffentlichen Frankfurter Körperschaften erstellen. Diese seien dann mit ihrem Vermögen haftbar zu machen. Fellner, der den Preußen gegenüber eigentlich freundlich eingestellt war, rief seiner Frau noch zu, er könne seine Mitbürger doch nicht ins Unglück stürzen und erhängte sich dann in seinem Garten – ohne die verlangte Liste erstellt zu haben.

Im September 1866 verkündete »Wilhelm, von Gottes Gnaden König von Preußen«, dass er nun beschlossen habe, Frankfurt mit seiner »Monarchie zu vereinigen«:

»Demzufolge nehmen Wir durch gegenwärtiges Patent mit allen Rechten der Landeshoheit und Oberherrlichkeit in Besitz und einverleiben Unserer Monarchie mit sämtlichen Zubehörden und Ansprüchen die vormalige freie Stadt Frankfurt

a.M. mit den zu ihrem Gebiete gehörigen Ortsbezirken Bonames, Bornheim, Hausen, Niederrad, Niederursel, Oberrad. Wir werden unserem Königlichen Titel den entsprechenden Titel hinzufügen. Wir befehlen, die Preußischen Adler an den Grenzen zur Bezeichnung Unserer Landesherrlichkeit aufzurichten.«[1]

Dem neuen Zivilgouverneur für Frankfurt, Freiherrn von Patow, fiel die undankbare Aufgabe zu, mittels einer Ansprache im Römer den Frankfurtern die neue Situation schmackhaft zu machen. Zweifellos sei der Verlust der Souveränität »ein Verlust, dessen Größe, wenn Sie so wollen, sich jeder Schätzung« entziehe, begann er, aber dafür habe der Frankfurter ja nun auch etwas ganz Neues gewonnen. Ein Vaterland nämlich. Bei der Erwähnung des Vaterlands pflegte sich in Berlin stets Begeisterung einzustellen. Hüte wurden geschwenkt und Hurras gebrüllt. In Frankfurt dagegen reagierte man mit verwundertem Schweigen. Auf ein Vaterland hatte man über mehrere Jahrhunderte hindurch verzichten können, ohne den Verzicht überhaupt zu bemerken, da man nie den Wunsch danach verspürt hatte. Wenn in den vergangenen Jahren überhaupt von einem Vaterland die Rede war, dann von einem demokratischen und republikanischen, keineswegs von einem Vaterland, das der Stadt durch einen dahergelaufenen König aufgezwungen wurde. Der Zivilgouverneur ahnte, dass er vor einer schwierigen Aufgabe stand, wischte sich den Schweiß von der Stirn und begann zu erklären, wozu ein Vaterland gut sei, nämlich dass es »durch sein Volk in Waffen fest auf eigenen Füßen zu stehen und seine und seiner Bürger Rechte zu schützen weiß, wo und gegen wen es auch sei«.

An dieser Stelle brach bei einigen Zuhörern, die sich beispielsweise ihren Metzger, ihren Wirt oder auch nur ihren Sitznachbarn in Uniform vorstellten, Heiterkeit aus. Die Stadtrepublik Frankfurt unterhielt zwar ein eigenes Regiment, das jedoch fast vollständig aus auswärtigen Söldnern bestand.

Die Frankfurter hatten schon vor langer Zeit, spätestens nach der katastrophalen Schlacht bei Eschborn, eingesehen, dass sie zum Kriegshandwerk nicht taugten, und derlei Aktivitäten lieber Leuten anvertraut, die sich gerne an der frischen Luft bewegten und mit der Bedienung von Waffen auskannten. Andere Zuhörer begannen zu murren, da sie es lieber gesehen hätten, wenn man sie selbst und ihre Rechte gegen das preußische Vaterland geschützt hätte.

Aber dazu war es nun zu spät, denn Herr von Patow fuhr, zwar etwas irritiert, aber dennoch unbeirrt fort: »Sie werden künftig die Weltgeschichte nicht mehr über sich ergehen lassen.« Auch diese Ankündigung hatte nicht die gewünschte Wirkung. Die ersten Zuhörer verließen den Saal, da der Wunsch nach einem gutgefüllten Bembel übermächtig wurde. Die verbliebenen waren – je nach persönlicher Veranlagung – starr vor Schreck oder machten ihrem Unmut durch laute Rufe Luft.

»Geh doch fodd!«

»Was will dann der?«

»Was fürn Simpl.«

Die Weltgeschichte über sich ergehen zu lassen, war in Frankfurt nicht etwa aus Not geduldet, sondern ein geschätztes Prinzip, ja das Frankfurter Erfolgsrezept. Man unterhielt in Sichtweite des Doms einen Wurststand, eine Brezelbäckerei, einen Posamentenhandel oder gar eine Bank, und brauchte nur in Ruhe bei Apfelwein und Handkäse auf die Weltgeschichte zu warten. Diese kam regelmäßig vorbei, meist mit prall gefülltem Portemonnaie. Wollten Bewohner anderer, weniger glücklicher Städte an der Weltgeschichte teilnehmen, dann mussten sie reisen, was – wie jeder weiß – teuer und beschwerlich ist und oft genug zudem enttäuschend. In Frankfurt konnte man Weltgeschichte an Ort und Stelle erleben und noch Geld dabei verdienen.

Vielleicht war es nur ein Missverständnis, und der Zivilgouverneur glaubte wirklich, dass Preußen der Stadt am Main etwas Gutes tue, wenn es die Weltgeschichte zukünftig von

Frankfurt fernhielte. Aber vermutlich hatte König Wilhelm auch noch etwas anderes im Sinn, als er die Stadt zu einer Provinzstadt im Regierungsbezirk Wiesbaden der Provinz Hessen-Kassel degradierte: Frankfurt war die Stadt, in der die deutschen Könige gewählt wurden, und der Sitz des Deutschen Bundestages. Doch letzterer war aufgelöst, die Weltgeschichte sollte zukünftig in Berlin geschrieben werden, und die merkwürdige Idee, einen König zu wählen, kam für Wilhelm gar nicht in die Tüte.

Die annektierten Frankfurter saßen also deprimiert in ihren Wurstbuden, Brezelbäckereien, Posamentenhandlungen und Banken, verkauften weiterhin lustlos Würstchen und Knöpfe und mäkelten an allem herum. Mal war der Apfelwein verdorben, mal der Handkäse voller Maden, jedes Rippchen war zu trocken und nicht einmal das Bier wollte noch schmecken. Dass ihr neuer König mittlerweile gnädig auf die Zahlung der geforderten Kontribution verzichtet hatte, war nur ein schwacher Trost und die Stimmung dennoch miserabel. Aber es sollte noch schlimmer kommen.

Ein paar Unentwegte ließen es sich auch 1867 nicht nehmen, die Bornheimer Kerb zu besuchen. In Frankfurt selbst war Trauerstimmung angesagt, die Stadt blies kollektiv Trübsal. Einladungen zu den wenigen noch stattfindenden gesellschaftlichen Ereignissen wurden mit dem Hinweis »o. P.«, ohne Preußen, versandt. Aber vor den Toren der Stadt wurde noch regelmäßig Belustigung geboten: beim Wäldchestag[2] im Stadtwald, beim Nickelchestag[3] am Bleichgarten, dem Fasching in Heddernheim[4] und eben der Bornheimer Kerb. Bornheim war in Frankfurt als »lustiges Dorf« bekannt, denn der Ort war berühmt für guten Apfelwein, ausschweifenden Tanz bis in die frühen Morgenstunden und eine florierende Prostitution. Auch auswärtige Besucher priesen die Vorzüge des Dorfes: »Man kann hier die besten Prügel neben dem besten Äpfelwein und den besten Wecken erhalten«, schrieb ein Anwalt aus Bremen 1835 und brachte damit das Wesentliche auf den Punkt.

Der 14. August 1867 war der »Bernemer Mittwoch«, der Höhepunkt der Bornheimer Kerb. In der Nacht kehrten die ersten Besucher nach Frankfurt zurück, teils fröhlich angeheitert, teils hackedicht, denn es war ein sonniger Tag gewesen, und selbst in der Nacht wehte noch ein heißer Wind aus Südosten. Nicht nur die anhaltende Hitze war ein Grund zum Trinken, sondern auch der Antrittsbesuch König Wilhelms, der sich für den kommenden Tag angekündigt hatte. Unter den Heimkehrenden befanden sich auch zwei Frauen, Mutter und Tochter, die in der Mansarde des Brauhauses Müller unweit des Doms wohnten. Gegen Viertel vor eins in der Nacht kehrten sie nach Hause zurück, entzündeten eine Kerze und begannen sich auszuziehen, was vermutlich mit viel Gegickel und fahrigen Bewegungen einhergegangen sein dürfte. Damit nahm das Unglück seinen Lauf: Erst geriet ein Kleid an der Kerzenflamme in Brand, dann griff das Feuer auf den Kleiderschrank über, die Treppe und schließlich den Dachstuhl, in dem Malz- und Hopfenbündel zum Trocknen gelagert waren. Bereits eine halbe Stunde später flogen die ersten brennenden Bündel, getrieben vom heißen Wind, Richtung Dom und setzten dort die Schneebretter auf dem Dach in Brand. Als nächstes brannten die Vogelnester unter dem Dachstuhl, dann auch die ausgedörrten Dachbalken und gegen zwei Uhr stand der Turm in Flammen.[5] Einige Glocken stürzten in die Tiefe, andere schmolzen noch im Turm. Erst morgens um fünf war der Brand im Dom gelöscht, hatte aber auf 17 weitere Häuser übergegriffen.

Auch wenn der Innenraum des Doms weitgehend unbeschädigt die Feuersbrunst überstanden hatte, zeigte sich dem Frankfurter am nächsten Morgen dennoch ein Bild des Grauens: eine rauchende Ruine und mittendrin der preußische König, der es sich nicht hatte nehmen lassen, das Desaster zu besichtigen. Schlimmeres war bisher nicht gesehen, ja noch nicht einmal geträumt worden. Ein Kommando der Feuerwehr, das damit beschäftigt war, die letzten Glutnester zu löschen, richtete verzweifelt den Wasserstrahl auf den

Monarchen, verfügte jedoch nur über eine einfache und schwache Handpumpe, mit der es den König nicht erreichen konnte, sodass auch dieses letzte Aufbegehren gegen die preußische Herrschaft wirkungslos blieb und noch nicht einmal von den Frankfurter Zeitungen erwähnt wurde.[6]

Es blieb, wie die *Frankfurter Zeitung* schrieb,

»nur noch die traurige Pflicht, beim hellen Lichte des sonnigen Tages die Verwüstung zu constatiren, die eine kurze Spanne von Zeit einem Bauwerke zufügen konnte, das man bisher gleich einem Felsen wiederstandsfähig gegen alle Elementarkräfte anzusehen gewohnt war. [...] Es passt ganz zu den Umwälzungen, die wir erlebt, daß die deutsche Kaiserkirche und das alte städtische Wahrzeichen, der Thurm, uns über Nacht zu Grunde gegangen sind«.[7]

Die Stadt hielt für einen Augenblick inne und betrachtete das Grauen. Doch noch während die Glut schwelte und der König durch die Trümmer stiefelte, hatte der Fotograf Friedrich Wilhelm Geldmacher aus der Weißfrauenstraße beim Betrachten der Domruine einen Gedanken, der sich in den folgenden Stunden und Tagen über ganz Frankfurt verbreitete wie sonst nur immens ansteckende Krankheiten:

Der Zivilgouverneur hatte Unrecht.

Die Weltgeschichte war zurückgekehrt.

Herr Geldmacher eilte nach Hause, um seine Kamera zu holen. Bereits am 24. August inserierte er im *Intelligenzblatt*:

»Photographien vom Dom nach dem Brande am 15. August von 5 Punkten aus aufgenommen; Album= und Octav=Format«.

Der Ab- und Umsatz war beträchtlich. Innerhalb weniger Stunden erkannten auch andere, dass zwar eine neue Zeit angebrochen war, diese jedoch keineswegs schlechter als die alte sein musste. Früher wie heute ging es darum, Geld zu verdienen, und das war offenbar auch in Preußen möglich.

Die aktuellen Möglichkeiten dazu waren schier unbegrenzt: Die Bronze der geschmolzenen Glocken, das sogenannte Glockengekrätz, wurde eingesammelt, eingeschmolzen und zu Münzen, Feuerwehr-Emblemen, kleinen Dommodellen und Apfelweindeckeln gegossen. Selbst als der Dom, dank umfangreicher Spenden,[8] wiederaufgebaut und eröffnet worden war, ließen sich diese Devotionalien noch so gut verkaufen, dass zur Deckung des Bedarfs weitere Glocken angekauft und eingeschmolzen werden mussten.

Während also allenthalben die Geschäfte wieder aufgenommen wurden – und besser liefen als zuvor –, saßen als letzte Unzufriedene nur noch die Dichter der Stadt zeternd beim Apfelwein, rauften die Bärte und befanden die Situation für jämmerlich und schauderhaft. Zusammenfassen lässt sich die in dieser Zeit entstandene Dichtkunst in den folgenden Zeilen des Frankfurter Nationalpoeten Friedrich Stoltze:

Alles was lieb und teuer,
Was uns heilig, hoch und wert:
Unsre Tempel fraß das Feuer,
Unsre Freiheit fraß das Schwert.
Vaterland! Du über alles!
Diese Glut dein Morgenrot.[9]

Und sogar mit solchen Klageliedern ließ sich noch ein Geschäft machen: Der geschäftstüchtige Fotograf Geldmacher verkaufte das Gedicht zusammen mit seinen Fotografien der Domruine, womit sich zwei wesentliche Eigenarten des Frankfurters, das Ramentern und das Geldverdienen, wieder aufs Schönste vereinen ließen.

[1] Zitiert nach: Waldemar Kramer: Frankfurt Chronik. Frankfurt 1987. S. 335ff.

[2] Für Nicht-Frankfurter: Der Wäldchestag ist der Dienstag nach Pfingsten. Ältere Frankfurter können sich noch daran erinnern, dass man am Wäldchestag nachmittags frei hatte, um zum Volksfest in den Stadtwald zu gehen, und dass es an diesem Tag grundsätzlich regnet.

[3] Am Nickelchestag, dem letzten Tag der Frühjahrsmesse, fand auf dem Festplatz am Bleichgarten, dort wo sich heute der Zoo befindet, traditionell eine Volksbelustigung statt. Wie viele andere lokale Feiertage ist auch diese Tradition leider in Vergessenheit geraten.

[4] Der Heddernheimer Fasching ist auch als »Klaa Paris« bekannt, da man sich darauf beruft, von Napoleon 1803 dem Herzogtum Nassau zugeschlagen worden zu sein: Damit soll, so behauptet man jedenfalls, französische Lebensart und Pariser Amüsement in das Dorf eingezogen sein, wobei tatsächlich der ganze Heddernheimer Faschingszauber einzig darauf beruht, dass dort 1839 eine neue Gemeindepumpe in Betrieb genommen wurde, zu deren Ehren man seitdem alljährlich einen Umzug veranstaltet. Dem Frankfurter war's allerdings schon immer egal, zu welchem Anlass er sich betrinkt.

[5] Dort befand sich eine Feuerwache, die über einen Zeigertelegrafen mit der Konstablerwache verbunden war. Der Telegraf funktionierte, allerdings zum ersten und letzten Mal, denn er fiel selbst dem Feuer, das er gerade angezeigt hatte, zum Opfer.

[6] In der Folge wurden stärkere Dampfspritzen angeschafft, aber die Gelegenheit, sie an einem Monarchen auszuprobieren, ergab sich leider nie wieder.

[7] Frankfurter Zeitung vom 15. August 1867.

[8] Selbst der preußische König zeigte sich spendabel und sagte eine jährliche Wiederaubauhilfe von 20.000 Gulden über zehn Jahre zu. Dass der Dom mit 900.000 Gulden gegen Feuer versichert war, muss in der Aufregung untergegangen sein.

[9] Friedrich Stoltze: Der Pfarrturm. Frankfurt 1867.

Bullen, Ochsen und die Mainkuh

An der Gründung Roms war dem Vernehmen nach eine Wölfin beteiligt, andere Städte berufen sich auf Löwen, Bären und weitere Spezies, sowie in einem merkwürdigen, wenn auch weithin unbekannten Fall auf einen einbeinigen Frosch.

Die Ursprünge Frankfurts sind dagegen umstritten. Weit verbreitet ist eine vollkommen unglaubwürdige Legende, der zufolge Karl der Große auf der Flucht vor den Sachsen am Main anlangte, der offenbar ein unüberwindliches Hindernis für seine wasserscheue Gefolgschaft darstellte. Der Kaiser und die Seinen drohten schon zu verzweifeln, da trat, begleitet von einem durch die Wolken brechenden Sonnenstrahl und Silberglockengeläut, eine weiße Hirschkuh samt Kalb aus dem Wald, ließ sich von den am Ufer ihr Schicksal bejammernden Kriegern nicht stören und durchquerte den Fluss durch eine Furt. Irgendwer rief aufgeregt: »Seht doch. Seht!«, ein zweiter »Wir sind gerettet!« und wieder andere verfluchten sich, da sie verfrüht ein Gelübde abgelegt hatten, demzufolge sie im Falle ihrer Rettung künftig Alkohol, Sex oder fettreicher Nahrung entsagen wollten. Der Frankenkönig und sein Heer folgten der Hirschkuh durch die Furt. Die Sachsen, die wenig später ebenfalls am Main anlangten, mussten auf die Hilfe von vorüberziehendem Großwild verzichten, standen belämmert am Ufer und wurden von der Schar Karls des Großen ausgelacht. Der erleichterte Kaiser kniete nieder und versprach, an der Stelle seiner wunderbaren Rettung eine Stadt zu gründen, die »des Franken Furt« zu nennen sei und der es nie an Geselchtem mit Kraut mangeln möge, wobei es sich, nebenbei bemerkt, um des Kaisers Leibgericht handelte. Im Übrigen hatte Karl während der dramatischen Ereignisse seinen schon nicht mehr ganz frischen Reichsapfel in der Hand so fest gedrückt, dass vergorener Saft herauslief, der dem Kaiser, als er sich die Hand ableckte, ausgezeichnet schmeckte. Der Frankenkönig gilt deswegen auch gemeinhin als Erfinder des Apfelweins.

Diese Geschichte ist jedoch entschieden ins Reich der Legenden zu verweisen, um nicht zu sagen: völliger Quatsch. Karl der Große ist allen verfügbaren Quellen zufolge niemals vor den Sachsen geflüchtet – selbst dann nicht, als sächsische Frauen barbrüstig in den Kampf gegen die Franken zogen. Außerdem befand sich zur Zeit Karls des Großen an der Frankfurter Mainfurt bereits eine Ansiedlung, in der Durchreisenden warme Mahlzeiten und Bier sowie diverse zweifelhafte Dienstleistungen angeboten wurden.

Wahrscheinlicher ist, dass Karl der Große auf dem Heimweg von einem kräfteraubenden Gemetzel unter den Sachsen in Frankfurt rastete und, während er vor einem Teller Rippchen mit Püree und Kraut saß, ein etwas schwammig gebauter Mensch mit ochsenartiger Physiognomie an seinen Tisch trat und im unverwechselbaren Idiom dieser Gegend sagte: »Horsche Se ma. Isch hädddama en Vorschlaach. Passese uff, da könne mir beide nur bei proffidiern …«

Karl der Große nickte verwirrt, der ochsenförmige Mann setzte sich unaufgefordert zu ihm und redete mit leiser Stimme mehrere Stunden auf den Kaiser ein. Das Ergebnis dieser Unterredung bestand zum einen in der bereits erwähnten Weiße-Hirschkuh-tritt-aus-dem-Wald-Legende, zum anderen in der Ausrichtung der Synode von 794, bei der Frankfurt zum ersten Mal ins Licht der Weltöffentlichkeit rückte. Bedauerlicherweise wurde durch die Hirschkuhlegende die viel ältere Gründungsgeschichte verdrängt, in der ein Auerochse und die Tochter eines südhessischen Bierbrauers tragende Rollen spielen.

Die Tochter, die nicht mit allzu viel Verstand gesegnet war, ging ihrer Familie mit ihrem ständigen Nörgeln und Mäkeln gehörig auf die Nerven und wurde deshalb mit den Worten »Geh doch fodd« immer wieder weggeschickt. Sie lief dann übel gelaunt alleine durch den Wald. Dort begegnete sie eines

Tages einem großen Auerochsen mit langen Hörnern, breiter Brust und dampfenden Nüstern. Sofort fing die Brauertochter an, an dem Tier herumzumäkeln. Wie denn sein Fell aussehe, ganz stumpf und struppig, ob er wisse, wie er aus dem Maul stinke, und so weiter. Aber der Auerochse sagte nur, sie solle die Klappe halten. Er sei gar kein Ochse, sondern ein Gott, der Gott Frank, zuständig für Schnaps und schmutzige Lieder, und er habe die Gestalt eines Ochsen angenommen, um mit ihr ein Geschlecht von Halbgöttern zu zeugen. Die Gründe dafür seien sehr kompliziert und für Menschen ohnehin nicht verständlich. Sie solle sich also nicht weiter darum kümmern und einfach mitkommen, er kenne eine romantische Stelle am Fluss. Die Ausführungen des Ochsen entbehrten natürlich jeder Logik, aber die Brauertochter war beeindruckt, hielt die Klappe und folgte dem Ochsen zum Fluss.

Am nächsten Tag kehrte sie ebenso aufgelöst wie schwanger nach Hause zurück und erzählte eine wirre Geschichte von Ochsen, romantischen Stellen am Fluss und ihrem Schicksal, ein Geschlecht von Halbgöttern gründen zu müssen. Ihre Familie erkannte natürlich sofort, dass der Ochse die dumme Trine schamlos übers Ohr gehauen hatte, nickte aber dennoch und sagte, da könne man nichts machen, was der Gott Frank sage, das müsse geschehen. Man baute ihr ein Haus an der besagten Stelle am Mainufer und wünschte ihr alles Gute. Der Ochse fand sich in den folgenden Jahren immer wieder ein, und so wurde das Haus bald von einer fröhlichen Schar breitschädeliger Kinder mit teils störrischem, teils nörgeligem Wesen gefüllt, die im Bewusstsein aufwuchsen, Kinder eines leibhaftigen Gottes zu sein. Aus dem Haus an der Furt wurde eine Siedlung, die zu Ehren ihres Gründungsvaters bald Frankfurt genannt wurde.

Die Erinnerung an den Gott Frank lebte noch Jahrhunderte lang weiter, zunächst in Form der Anbetung einer großen, aus Stein gehauenen Stier-Figur, die im Sommer mit Blumen geschmückt wurde. Vermutlich fanden auch Tänze im Fackelschein statt, bei denen Ochsen am Spieß gebraten wurden und man sich dem Bevölkerungswachstum in der zukünftigen Mainmetropole widmete.

Die ersten christlichen Missionare ließen die Stier-Statue zerstören und verboten alle Tänze im Fackelschein, hatten aber nichts gegen das Grillen von Ochsen einzuwenden, wenn es dabei nur halbwegs gesittet zuging. Mit Erfindung der erwähnten Hirschkuhlegende geriet der Frankfurter Ochsenkult dann völlig in Vergessenheit und manifestiert sich nur noch unterschwellig, beispielsweise durch die Verehrung eines am Spieß gebratenen Ochsen anlässlich des Frankfurter Wäldchestages.

Seit dem späten Mittelalter war Frankfurt dann berühmt für die Goldene Bulle, die im Römer aufbewahrt und Reisenden gegen eine Gebühr von einem Gulden vorgezeigt wurde. Viele Touristen waren allerdings enttäuscht, da sie eine Bullenfigur aus massivem Gold erwartet hatten, vergleichbar dem Goldenen Kalb aus der Bibel, nur größer und mit längeren Hörnern. Manch einer mag sich sogar ausgemalt haben, wie die Frankfurter in warmen Sommernächten rituell um den Goldenen Bullen tanzen. Die Enttäuschung war natürlich groß, wenn er erkennen musste, dass es sich bei der Goldenen Bulle um ein Exemplar der Reichsverfassung von 1356 handelte. Darin war zwar festgelegt, dass in Frankfurt die deutschen Könige gewählt werden mussten, außerdem hing ein hübsches Siegel aus Goldblech daran, aber das war nur ein schwacher Trost für jemanden, der sich gerade eine Tonne Gold und schweinische Tänze vorgestellt hat. Den Gulden bekam er trotzdem nicht zurück.

Ebenfalls auf eine missverständliche Darstellung sind übrigens die legendären Frankfurter Mainkühe zurückzuführen. In vielen Reiseprospekten und -beschreibungen Frankfurts war zu lesen, diese würden sich allabendlich am Mainufer einfinden, friedlich auf den Wellen schaukeln und mit ihren blökenden Rufen die Dämmerung durchdringen. Zur großen Unzufriedenheit vieler Touristen handelte es sich bei den

Mainkühen jedoch keineswegs um seehundartige Tiere von zutraulichem Wesen, die anmutig durch die Wellen tauchten, sondern um neuartige Dampfschiffe, die sich an einer im Flussbett verlegten Kette den Main stromaufwärts bis Aschaffenburg zogen. Den Namen Mainkuh – oder vielmehr »Maakuh« – verdankten sie dem Umstand, dass die Kette permanent rasselte und man mittels einer blökenden Dampftröte entgegenkommende Schiffe warnte.

Mit dem ursprünglichen Frankfurter Ochsenkult hatte das alles natürlich nichts zu tun. Auf diesen wurde man erst im 20. Jahrhundert wieder aufmerksam. Zunächst wurden beim Bau der Römerstadt und des Nordwestzentrums Hinweise auf einen Stierkult in römischer Zeit gefunden. Bei Bauarbeiten neben dem Senckenbergmuseum stieß man dann auf das Skelett eines gewaltigen, mehrere tausend Jahre alten Auerochsen. Es ist kaum überraschend, dass dieser in der Presse sofort als der Urvater der Frankfurter identifiziert wurde.

O Frankfurt. Frankfurt! Gedenke dieser Schlacht!

Der Frankfurter verlässt seine Stadt nur ungern. Die Gründe dafür sind vielfältig: Zum einen ist Frankfurt selbstverständlich die beste und schönste Stadt überhaupt – oder, wie Schopenhauer es ausgedrückt hat: »Für den Frankfurter ist Frankfurt am Main die Welt.« Zum anderen wird die Lage außerhalb Frankfurts für den Frankfurter schnell verwirrend. Menschen aus anderen Gegenden haben ganz andere Sitten, Speisen und Getränke – man muss sich nur wenige Kilometer von Frankfurt entfernen, und schon ist es völlig unmöglich, einen gut gekelterten Apfelwein zu bekommen. Auch muss der Frankfurter immer wieder erstaunt feststellen, dass seine geliebten Fußballvereine, allen voran die Eintracht, nicht überall die gleiche Verehrung genießen wie in seiner eigenen Stadt.

Dank der Eingemeindungen des 20. Jahrhunderts erstreckt sich Frankfurt heute über ein relativ großes Gebiet. In früheren Jahrhunderten begann die Unübersichtlichkeit der restlichen Welt bereits jenseits des Anlagenrings. Schon die Dörfer rund um die Stadt gehörten meist nicht zu Frankfurt, sondern zu Hanau, Mainz, Solms, Kronberg, Königstein – oder mehreren Herren gleichzeitig. Praunheim gehörte beispielsweise zuerst dem Bischof von Mainz, dann den Rittern von Praunheim und später, ab dem 15. Jahrhundert, zu gleichen Teilen den Grafen von Solms und denen von Hanau. Auch die Bewohner waren entsprechend aufgeteilt: 1609 gehörten 42 Praunheimer Leibeigene dem Grafen von Solms, 51 dem von Hanau und zehn beiden Grafen gleichzeitig, was bei den Betroffenen eine gewisse Persönlichkeitsspaltung hervorgerufen haben dürfte. Echte Freude am Leben kann man sich jedenfalls unter diesen Umständen kaum vorstellen.

Aber auch das Leben *in* Frankfurt war nicht immer ein einziger sonniger Wäldchestag. Spätestens gegen Ende des 14.

Jahrhunderts war Frankfurt zwar eine der wichtigsten und reichsten Städte im Deutschen Reich, aber an diesem Reichtum wollten auch die großen und kleinen Territorialherren rund um die Stadt teilhaben, vor allem die Grafen von Hanau und die Herren von Kronberg und Königstein. Mit dem Aufstieg der großen Städte ging den kleinen Landadeligen sozusagen die Geschäftsgrundlage verloren, weshalb sie sich aufs Raubrittertum verlegten. Die Stadt Frankfurt reagierte darauf mit einer Verstärkung der Befestigungen, dem Abriss der Brücke von Nied und dem Beitritt zum Rheinischen Städtebund. Letzteres erwies sich jedoch als unklug, denn Frankfurt wurde so in den Deutschen Städtekrieg hineingezogen. Zwischen 1381 und 1425 wurde der Stadt exakt 229 Mal die Fehde erklärt, in den meisten Fällen in Folge der Bündnisverpflichtungen. 1389 sagten auch Ulrich V. von Hanau sowie Johann, Walter und Frank von Kronberg Frankfurt den offenen Kampf an. Aufgrund der Besitzverhältnisse sah sich Frankfurt damit von Fehdegegnern fast eingeschlossen. Die Anreise der Gäste zur Frühjahrsmesse war in Gefahr, die Lage prekär.

Zu den Frankfurter Grundeigenschaften gehörte auch immer eine gewisse Selbstüberschätzung. Anhänger der Eintracht wissen, dass Spiele genau und immer dann fulminant in die Hose gehen, wenn sie immens wichtig und gleichzeitig eine vollkommen sichere Sache sind. Wie an jenem tragischen letzten Spieltag der Saison 91/92, an dem ein Unentschieden gegen den Abstiegskandidaten Hansa Rostock zur verdienten Deutschen Meisterschaft gereicht hätte. Am Ende stand es 2:1 für Rostock, unter anderem aufgrund eines zu Unrecht nicht gegebenen Elfmeters für die Eintracht. Die landete am Ende nur auf Platz drei, und Stuttgart wurde Deutscher Meister.

Eine sichere Sache schien auch die Offensive gegen Kronberg zu sein, zu der Frankfurt sich im Frühjahr 1389 entschloss. Die Kronberger Burg war ein berüchtigtes Raubritternest, aber Frankfurt hatte 2.000 Bürger mit Waffen ausgerüstet und für alle Fälle auch noch ein paar Söldner angeworben, die sich mit der Bedienung der Waffen auch tatsächlich auskannten. Außerdem hatte man Verpflegung für mehrere Tage und einen ausreichenden Biervorrat dabei. Die Laune aller Beteiligten war vortrefflich, Brezelbuben machten einen gewaltigen Umsatz, und alles in allem war es so, als würde ein Haufen schon leicht angetrunkener Frankfurter zum Auswärtsspiel der Eintracht auf dem Bieberer Berg ziehen, um es den Offenbachern so richtig zu zeigen. Alle Beteiligten hegten keine Zweifel daran, dass man das Spiel gewinnen, dabei noch kräftig einen heben und dann, vielleicht körperlich leicht angeschlagen, aber moralisch gestärkt, als strahlender Sieger nach Hause kommen werde.

Die erste Spielhälfte verlief nach Plan: Die Kronberger gingen in die Offensive, wurden aber geschlagen und einige sogar gefangen genommen. Zur Pause stand es 1:0 für Frankfurt.

Die Frankfurter hatten allerdings nicht damit gerechnet, dass Kronberg die Pause für unerwartete Auswechslungen nutzen würde. Ein Bote wurde an die Kronberger Verbündeten geschickt. Ulrich V. von Hanau und der pfälzische Kurfürst schickten Verstärkung. Zwar war die Frankfurter Mannschaft nichtsdestotrotz immer noch zahlenmäßig weit überlegen, aber die unerwartete Änderung der Strategie ihrer Gegner – und vermutlich auch der Genuss des einen oder anderen Biers in der Pause – führten zu völliger Demoralisierung im Angriff sowie zu fataler Verwirrung in der Verteidigung. Bei Eschborn trafen die Heere aufeinander. Ein zeitgenössischer Berichterstatter, der Limburger Chronist, beschrieb das Ergebnis folgendermaßen:

»Also schlug der kleine Hauff den großen Hauff nieder. Das war nicht Wunder, denn der große Hauffe flohe und der kleine stritte. O Frankfurt! Frankfurt! Gedenke dieser Schlacht!«[10]

Kurz gesagt, die Schlacht bei Eschborn ging für Frankfurt fulminant verloren.

Am Ende gab es auf der Frankfurter Seite vierzig bis hundert Tote, je nachdem, welcher Zeitung man glauben mochte.

Dazu kam, dass ein Drittel der Mannschaft gefangen genommen wurde, darunter einige Ratsherren – was zu verschmerzen gewesen wäre –, vor allem aber ein großer Teil der Frankfurter Handwerker: Brauer, Mälzer, Metzger, Schlachter, Bäcker, Konditoren und so weiter. In deren Abwesenheit durfte aufgrund der Zunftverordnungen niemand Bier brauen, backen, schlachten oder Würste stopfen. Nichts weniger als die Existenz der Stadt stand auf dem Spiel.

Das verlangte Lösegeld betrug 73.000 Gulden, nach heutiger Kaufkraft ein Millionenbetrag. Die Oberräder Gemüsebauern witterten schon das große Geschäft, aber vor die Wahl gestellt, sich für die kommenden Jahrhunderte bis über den Kirchturm zu verschulden oder sich jahrelang von rohem Gemüse zu ernähren, war die Entscheidung der Frankfurter schnell getroffen. Man nahm eilig Kredite auf und bekam seine Bäcker, Metzger und vor allem die schmerzlich vermissten Brauer wieder. Die Ratsherren auch, aber außer den Ratsherren selbst interessierte das kaum jemand. Die Lösegeldzahlung ruinierte die städtischen Finanzen für die nächsten hundert Jahre und stürzte die Stadt in eine tiefe Krise. Die Situation war in etwa mit jener vergleichbar, in der sich die Eintracht im Jahr 2002 befand, nachdem der Hauptsponsor abgesprungen war und aufgrund eines 8-Millionen-Defizits der Abstieg in die Amateurliga drohte. Erschreckend und bedrohlich also, aber was riskiert man nicht alles für seine tägliche Fleischwurst. Vom Bier ganz zu schweigen.

In den folgenden Jahren änderte Frankfurt seine Strategie. Man hatte eingesehen, dass die Stärke der Stadt und ihrer Bewohner nicht in militärischer Überlegenheit bestand. Bewegung an der frischen Luft, oder anders ausgedrückt: kraftvolles Offensivspiel über beide Halbzeiten, war definitiv nicht die Sache der Frankfurter.

Man entschied sich für eine andere Vorgehensweise: Geld und Verträge. Mit den ehemaligen Gegnern schloss man Bündnisse. Wer sich gegenüber der Stadt feindlich zeigte, dem bot man einen gut dotierten, aber ruhigen Posten in der kommunalen Verwaltung an, samt Sekretärin und Gummibaum, und stellte ihn damit ebenso wirkungsvoll wie dauerhaft ruhig. Ein Vorgehen, das bis heute erfolgreich angewendet wird.

Den Gegnern bei der Schlacht von Eschborn blieb so auf Dauer nicht viel von ihrem Triumph übrig: In Kronberg erinnert noch ein etwas fadenscheiniger Teppich an den Sieg über die große Nachbarstadt, in Hanau nichts mehr. Ulrich V. von Hanau brachte sein Anteil am Lösegeld kein Glück: Seine Frau verließ ihn, das Geld ging bei Pferderennen und Kartenspiel drauf, und schließlich wurde er von seinen Brüdern zur Abdankung gezwungen. Hanau blieb, was es immer war, sodass die Stadt heute allenfalls im Zusammenhang mit atomaren Brennstäben öffentlich auffällt.

Mit dem Ausscheiden von Hanau und Kronberg blieb für Frankfurt nur noch ein halbwegs ernstzunehmender Gegner – und das bis heute: Offenbach.

[10] Zitiert nach: Waldemar Kramer: Frankfurt Chronik. Frankfurt 1987. S. 60.

Mit Grüner Soße ins Fegefeuer

Mit Dichotomien kann der Frankfurter gut umgehen – auch wenn der eine oder andere meint, es handele sich dabei um eine Krankheit. Der Vorstellung, dass im Treppenhaus oder an der Trinkhalle ein Frankfurter dem anderen mitteilt, er leide wieder arg an seiner Dichotomie, ist jedenfalls nicht völlig abwegig. Aber hier soll es nicht um Krankheiten gehen, auch wenn das stets ein interessantes Gesprächsthema ist, nein, hier geht es um Gegensätze.

Die Beschränkung auf zwei gegensätzliche, sich ausschließende Positionen macht das Leben einfach. Dichotomien sind in Wort und Tat leicht zu handhaben: gut und böse, wahr und falsch, weiß und schwarz, Frankfurt und Offenbach. Mehr braucht man nicht, um sich zu orientieren und im Leben zu behaupten, jedenfalls der Frankfurter nicht, der sogar das dialektische Kunststück beherrscht, zwei konträre und an sich widersprüchliche Aussagen in ein und demselben Satz unterzubringen. Ein der Familie Hesselbach – oder vielmehr ihrem adorablen Schöpfer Wolf Schmidt – zu verdankendes klassisches Beispiel ist der Ausspruch: »Sie wolle schon gehn? Gehn Se fodd, bleibe Se da.«

Tatsächlich trifft man hier auf eine der grundsätzlichen Eigenarten des Frankfurters: kategorische Beharrlichkeit bei gleichzeitiger Bereitschaft, die entgegengesetzte Haltung zu akzeptieren, wenn nicht sogar anzunehmen. Letzteres kann beispielsweise passieren, wenn jemand, den man gar nicht mag, plötzlich die gleiche Meinung vertritt wie man selbst. Da ist der Frankfurter schnell und sagt nicht nur das Gegenteil von dem, was er eben noch behauptet hat, sondern glaubt es auch. Aber Toleranz und Kompromissfähigkeit haben auch in dieser Stadt ihre Grenzen. Insbesondere dann, wenn es um die Zubereitung von Grüner Soße geht.

Das fängt schon bei der Schreibweise an. Es heißt ›Soße‹ und nicht ›Sauce‹.

Grüne Soße.

Wer in Sachsenhausen, ach was, irgendwo in Frankfurt »diese kalte Petersiliensauce, Sie wissen schon«, bestellt, darf sich nicht wundern, wenn man ihn oder sie mit nachgeworfenem Handkäse aus dem Lokal jagt. Das ist ein noch schlimmeres Sakrileg, als würde man Handkäse mit der Gabel essen oder den Apfelwein, der eventuell ja vom Wirt höchstpersönlich gekeltert und den Winter über sorgsam gepflegt und vor Fruchtfliegen, Schimmelbefall und den Kontrolleuren des Ordnungsamts beschützt wurde, mit Limonade vermischt bestellen. Oder mit Cola. Dann sieht der Wirt rote Blitze auf der Netzhaut und wird übellaunig. Zu Recht, muss man sagen.

Unsicher wird der Frankfurter, wenn es um die Klärung der Frage geht, wer die Grüne Soße eigentlich erfunden hat. Manche behaupten, es sei Goethes Mutter gewesen, aber das ist Unfug. Goethes Mutter haben wir sicher einiges zu verdanken, unter anderem natürlich ihren Sohn, aber dass sie eines Morgens in der Küche stand und, einer plötzlichen Eingebung oder, angesichts einer leeren Vorratskammer, der blanken Not folgend, begann, auf Borretsch, Petersilie, Kerbel und anderes Grünzeug einzuhacken, ist doch eher unwahrscheinlich.

Eine andere Theorie besagt, dass es die Franzosen waren, die uns im Zuge einer der vielen Besatzungen gegen Ende des 18. Jahrhunderts die Grüne Soße kraft ihrer kulinarischen Autorität hinterlassen haben. Vorbild soll die Mayonnaise gewesen sein, die der Frankfurter dann mit den ihm zur Verfügung stehenden Mitteln nachgebaut habe. Auch diese Hypothese muss ins Reich der Legenden verwiesen werden. Nichts an der leichten Frische einer Grünen Soße erinnert an die fettige Schwere einer Mayonnaise. Viel wahrscheinlicher ist es, dass es die Grüne Soße schon immer gegeben hat, liegt doch nach einem langen, kalten Winter nichts näher, als die ersten sprießenden Frühjahrskräuter mit saurer Sahne, Eiern und etwas

Senf zu einer kulinarischen Köstlichkeit zu vermengen und mit den Kartoffeln vom letzten Jahr zu servieren.

Womit wir bei der Zubereitung der Grünen Soße angelangt wären, und bei der gibt es in Frankfurt keine Kompromisse. Notwendig sind sieben Kräuter – Pimpernelle, Sauerampfer, Kresse, Borretsch, Kerbel, Schnittlauch und Petersilie, außerdem saure Sahne, Salz und Pfeffer. Zu empfehlen sind hartgekochte Eier, ein Spritzer Zitrone und etwas Senf. Ein Becher Vollmilchjoghurt, saure Gurken und Zwiebeln sind erlaubt.

Alles andere aber ist verboten, auch Mayonnaise, da sind die Regeln streng. Über die Zubereitung wird gerne, oft und überall gestritten, an der Haustür, auf der Straße oder in der Warteschlange bei der Post. Wenn mittags im Treppenhaus Radau ausbricht, dann ist die Wahrscheinlichkeit groß, dass zwei Nachbarinnen sich darüber streiten, ob der Senf mit dem hartgekochten Eigelb verrührt und dann zur Soße gegeben werden muss oder ob man beides getrennt hineingibt, wobei das Dotter nur zerbröselt werden darf. Hausgemeinschaften sind schon an derartigen Streitigkeiten zerbrochen, und in den Archiven des Amts- wie des Landgerichts liegen meterdicke Akten zu Fällen, die direkt oder indirekt mit Grüner Soße zu tun haben. Bis ins 19. Jahrhundert hinein kam es wegen der richtigen Zubereitung des Frankfurter Nationalgerichts zwischen verschiedenen Dörfern rund um Frankfurt, insbesondere zwischen Sossenheim und Nied, regelmäßig zu kriegsähnlichen Auseinandersetzungen, die oft mit blauen Flecken, Beulen und grandiosen Besäufnissen endeten.

Die Vehemenz, mit der um die Grüne Soße gestritten wird, ist eng verknüpft mit der Vorstellung des Frankfurters vom Jüngsten Gericht: Die Frankfurter Seele tritt dabei vor einen älteren Herrn mit schleppender Aussprache – die Sorte, die man aus städtischen Ämtern kennt: der Beamte, der sich in frischen Beige- und Brauntönen immer gut gekleidet fühlt, im Gespräch den Blick nicht aus seinem Aktenstapel hebt und mit seinem Bürostuhl verwachsen zu sein scheint. Der Herr hat stets eine Reihe Vitaminpräparate vor sich auf dem Schreibtisch stehen, auch wenn das angesichts des bevorstehenden Endes der Welt ein klein wenig widersinnig erscheint. Aber hier es geht ums Prinzip. Bei diesem Herrn geht es immer ums Prinzip.

Nach einem kurzen Blick in die Akte stellt er zunächst ein paar unverfängliche Fragen nach guten Taten und bösen Taten, Nächstenliebe und so weiter, was man halt aus dem Konfirmations- bzw. Kommunionsunterricht kennt, um dann unverblümt zum Kern der Sache zu kommen.

»Was habbe Sie dann so in Ihne Ihrn Grie Soß gebbe?«

»Die Sieben Kräuter, wie es geschrieben steht«, antwortet die Frankfurter Seele dann. »Dazu saure Sahne, hartgekochte Eier, Senf ...«

»Jajaja. Sonst nix?«

»Äh. Nein ... Nicht direkt ...«

»Also doch. Sachese schon. Was habbese neigegebbe? Majonäs? Des könnde mir tolleriern mit, waddese, zwei Monat Feschefeuä. Odä warda nochwas anneres? Mir bekomme es sowieso raus.«

An dieser Stelle bricht die arme Frankfurter Seele zusammen und gesteht zitternd und schluchzend.

»Zitronenmelisse. Und Kefir. Aber nur einmal! Und auch nur, weil's der Koch von der *Alten Eule* beim Grüne-Saucen-Festival am Rossmarkt empfohlen hat.«

»De Koch von de *Alde Eul.* Soso.« Der Jüngste-Gerichts-Beamte macht sich eine Notiz. »Sie wisse abä schon, dass des kaa ›Sauce‹ is, sonnern e Soß?« Er schnauft einmal tief, auf diese Art, bei der man instinktiv weiß, dass es einem jetzt an den Kragen geht. »Ziddronemeliss. Unn Kefir. Was habbese sisch dann dabei gedacht? Sie wisse doch, was geschribbe steht ...«

»Aber es war doch nur einmal, und ich habe es auch bereut.«

»Soso. Unn was gabs dazu? Zu der Melissesupp?« Der Abscheu in der Stimme des Gerichtsbeamten ist nicht zu überhören.

»Kartoffeln«, sagt die Frankfurter Seele eine Spur zu schnell.

»Karddoffel. Aha.« Der Herr schnauft wieder. »Unn sonst? Rindersolbä? Ochsebrust? Haddgekochde Eiä? Neuädings drügge mir sogar beim Schnitzel beide Auge zu ...«

»Ein Zanderfilet.« Der Frankfurter ist mittlerweile bereit, alles zu gestehen und sein Gewissen zu erleichtern. »Nur kurz in Ei und Mehl gewendet und bei niedriger Hitze in ein bisschen Butterschmalz goldbraun ...«

Der Beamte schüttelt den Kopf. »Also den Kefir hädd isch Ihne ja noch doschgehe lasse. Aber die Ziddronemeliss ... Unn dazu den Fisch ... Nä. Es dud mir leid, aber da wedde mir um die Ewische Vädammnis ned erumkomme.«

Da hilft kein Jammern und kein Zetern, und Argumentieren schon gar nicht. Wer die Grüne Soße entweiht und ihr etwas Unerlaubtes beimischt, der muss sich auf die Ewige Verdammnis einstellen.

Und Ewige Verdammnis, dass kann in Frankfurt nichts anderes heißen, als für immer am Offenbacher Marktplatz festzusitzen und auf eine S-Bahn zu warten, die niemals kommen wird.

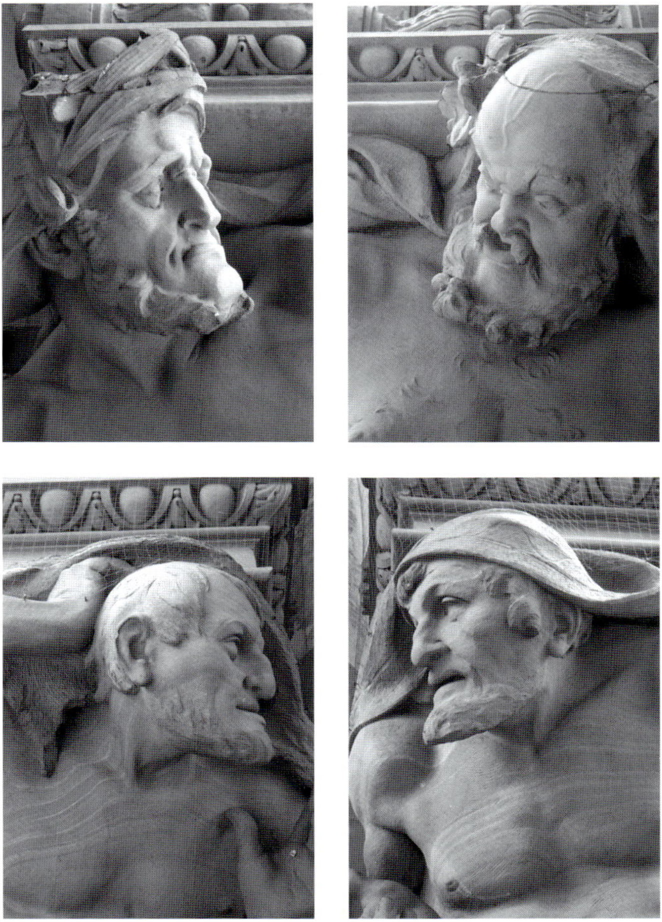

Die Verkörperung der vier Frankfurter Grundtugenden
an der Römerbrücke:
Zweifel, Misstrauen, üble Nachrede und Neugier
(von oben links im Uhrzeigersinn)

Ein seliges Dahinsacken
Der Frankfurter Hirscheber

Schlägt man den Begriff »Hirscheber« im Lexikon nach, so erfährt man, dass es sich beim Hirscheber um ein »hochbeiniges Schwein« handelt, dessen »Eckzähne den Rüssel durchbohren und ein Hirschgeweih vortäuschen.« Nun klingt das Wort »vortäuschen« hier beinahe anklagend, so als wollte der Hirscheber etwas sein, was er gar nicht ist, ein Hirsch nämlich. Aber mit dieser »Vortäuschung« käme er sowieso nicht durch, denn anders als beim Hirschen wachsen dem männlichen Hirscheber die oberen Eckzähne durch die Rüsseldecke und dann, da die Zähne sich gerne nach hinten biegen, sehr unpraktisch wieder in die Rüsseldecke und damit in den Hirscheber zurück, mit fatalen Konsequenzen, die ein Schild am Gehege des Hirschebers im Zoologischen Garten der Stadt Frankfurt am Main auf den Punkt bringt: »Selbstmord auf Raten«, heißt es dort, und das klingt nicht weniger vorwurfsvoll als der Lexikonartikel, suggeriert das Schild doch, der Hirscheber als solcher sei des Lebens überdrüssig und wolle sich durch dentale Fehlbildung ein sicheres Ende bereiten. Wie auch immer: Bis heute konnte dem Tier durch den energischen Einsatz von Säge und Schleifpapier stets geholfen werden, und nicht wenige Tierpfleger des Zoos verwahren zu Hause ein Stück Hirscheberzahn, dem gerne auch mal zweckdienliche pharmazeutische Wirkungen bzw. Hilfe in schwierigen Lebenslagen zugesprochen werden.

Der Hirscheber kann auf eine lange Geschichte in Frankfurt zurückblicken. Bei der Ankunft des ersten Hirschebers am Main im Jahr 1905 erwartete das von der langen Reise eingeschüchterte und erschöpfte Tier ein triumphaler Empfang. Die Frankfurter verlangten nach exotischen Attraktionen aus fernen Ländern, und obgleich der Hirscheber eben nur ein ordinäres Schwein ist, so handelt es sich doch zumindest um ein sehr ungewöhnliches, extrem hochbeiniges Schwein mit formidablen Zähnen, das zudem im fernen Celebes zu Hause ist und damit dem Frankfurter die beruhigende Gewissheit gab, auch am anderen Ende der Welt ein geselchtes Rippchen, vielleicht sogar mit Sauerkraut, zubereiten zu können. Die Kinder liebten indes den Hirscheber wegen seines zutraulichen Wesens und seiner Bereitschaft, sich grunzend ins Heu sacken zu lassen, wenn man ihn nur an einer bestimmten Stelle hinter dem Ohr kraulte. Dies ist auch heute noch möglich, man sollte sich jedoch vergewissern, dass man tatsächlich am Gehege des Hirschebers steht, bevor man seine Hand durchs Gitter steckt. Andere Gehege werden von Tieren bewohnt, die eine solche Geste missverstehen könnten – woraus man ihnen keinen Vorwurf machen kann. Auch der Hirscheber kann sehr ungehalten werden, wenn man seine Zutraulichkeit ausnutzt und durchs Gitter hindurch an seinen Zähnen herumfeilt oder sogar sägt.

Zu den frühen Freunden des Hirschebers gehörte auch der junge Adorno, damals noch Theodor Wiesengrund, der sich an manchem Sonntagnachmittag am »intentionslosen Glück« des exotischen Paarhufers erfreute – und diesen zweifellos auch gekrault haben dürfte. Dass sich im Gepäck des emigrierenden Wissenschaftlers auch ein Stück Hirscheberzahn befand und sich Adorno in späteren Jahren gerne ein wenig davon ins Frühstück raspelte, muss jedoch ins Reich der Legende verwiesen werden.

Untergebracht war der Hirscheber damals im sogenannten Rundbau, einem pavillonartigen Gebäude, das unter anderem einen schläfrigen Schabrackentapir und eine ältere Känguruhdame beherbergte. Um dem Hirscheber ein wenig Gesellschaft zu ermöglichen, arrangierte der für den Rundbau zuständige Tierpfleger, ein leutseliger Herr, dessen Name nicht überliefert ist, allwöchentlich am Dienstag einen freien Abend für den Hirscheber, den das Tier freudig dazu nutzte, Kontakte zu den anderen Zoobewohnern anzuknüpfen. Welcher Art diese Kontakte waren, stellte sich erst Monate später heraus: Die erste beunruhigende Nachricht kam aus dem Giraffenhaus, wo die Giraffin Gertrud ein ungewöhnlich borstiges Kind mit enormen Eckzähnen gebar. Nach und nach wurden auch aus den anderen Gehegen, Pferchen, Ställen und Käfigen Geburten bizarrer Kreaturen gemeldet. Die nächtlichen Ausflüge des Hirschebers wurden daraufhin unterbunden und der freundliche Tierpfleger in eine andere Abteilung versetzt.

In der Zeit des Nationalsozialismus wurde der Hirscheber als »fremdes Schwein« geächtet und kaum mehr vorgezeigt. Im Jahr 1942 wurde der Frankfurter Hirscheber gar gegen das Exemplar des Berliner Zoos ausgetauscht. War ihm seine frühere Freundschaft mit dem längst emigrierten Adorno zum Verhängnis geworden? Wurde er, der Sozialistenfreund, ausgetauscht gegen einen regimetreueren Hirscheber aus Berlin? Sollte dieser die – traditionell liberal eingestellten – Zoobewohner im Geiste des Nationalsozialismus indoktrinieren? Jedenfalls verliert sich die Spur des Frankfurter Hirschebers in Berlin. Der Berliner Hirscheber konnte dagegen in Frankfurt nie heimisch werden. »Das Schwein« nannte man ihn nur, zwar artengeschichtlich halbwegs korrekt, aber doch nicht ohne eindeutigen Unterton. Als der Rundbau in den Bombennächten 1943/44 getroffen wurde, nutzte der Hirscheber – im Gegensatz zu anderen Zookollegen, ein Strauß soll es sogar bis Wetzlar geschafft haben – nicht die Gelegenheit zur Flucht, vielleicht aus Furcht vor den Kochtöpfen der hungernden Frankfurter, die das regimefreundliche Schwein nur zu gerne zu Solber und Fleischwurst verarbeitet hätten. Dieses Schicksal sollte ihn dann nach Kriegsende doch noch ereilen: Eingetauscht gegen drei Stangen amerikanischer Zigaretten, eine kaum getragene Nylonstrumpfhose und ein nur leicht angeschimmeltes Brot wurde die kollaborative Sau von einer resoluten Metzgerswitwe auf dem Schwarzmarkt erworben, fachgerecht zerlegt und zubereitet und bildete somit den Grundstock einer bis heute florierenden lokalen Metzgereikette. Dem Frankfurter Zoo erlaubte dieser Handel, gewisse

Sicherungsmaßnahmen am Raubtierhaus wieder instandzusetzen, was in der Bevölkerung und nicht zuletzt bei den Zootieren mit Beifall aufgenommen wurde.

Der aus den USA heimgekehrte Adorno besuchte recht bald den nun hirscheberfreien Zoo. In einem Brief an Zoodirektor Bernhard Grzimek erkundigte er sich nach dem Schicksal des Hirschebers seiner Jugend. »Dieser sei«, so schrieb er, »doch nicht auf den Malayischen Inseln ausgestorben?«[11] Hoffte er auf ein Stück Kindheit im zerbombten Frankfurt? Auf ein Kraulen, gefolgt von einem seligen Dahinsacken? Oder gar auf ein Stück Hirscheberzahn? Jedenfalls wurde bald nicht nur *ein* Hirscheber wieder angeschafft, nein, dem heutigen Hirscheber Samson wurde noch die Hirscheberin Reini beigegeben, die nächtliche Ausflüge ihres Gemahls bislang wirkungsvoll zu unterbinden weiß.

[11] Zitiert nach: Wolfram Schütte (Hg.): Adorno in Frankfurt. Frankfurt 2003. S. 290.

Mir wolle Batzebier! Brötchenkrieg und Bierkrawall

Der Frankfurter an sich ist träge. Schnelle Bewegungen verursachen ihm Schwindel, Veränderungen begegnet er mit einer Mischung aus Argwohn und Misstrauen. Selbst seine bevorzugten Lebensmittel zeichnen sich durch lange Haltbarkeit aus: gepökeltes Fleisch, Sauerkraut, vergorener Apfelmost und eingelegter Käse, den man auf dem Apfelweinfass aufbewahrt. Diese Trägheit hat ihren Ursprung in der römischen Zeit, als das heutige Frankfurt noch im Schatten von Nida stand. Nida, an der Stelle des heutigen Nordwestzentrums gelegen, war das Zentrum der »Civitas Taunensis«, des römischen Verwaltungsbezirks direkt am Limes: ein Außenposten des römischen Imperiums, der über prächtige Bäder und Tempel, ein Theater für 1.500 Zuschauer, urbanes Flair und exotische Huren verfügte. Dagegen befand sich dort, wo heute neben dem Frankfurter Dom Souvenirgeschäfte japanische Touristen ausnehmen, neben den Ruinen eines römischen Bades, eine Ansiedlung einheimischer Thermeninstallateure, Fußpfleger und Hütchenspieler, die die Furt über den Main für ihre Geschäfte nutzten. Wer nach Nida wollte, musste an dieser Stelle den Main überqueren, wenn er es nicht vorzog, auf dem Umweg übers Germanenland jenseits des Limes von den Chatten niedergemetzelt zu werden – damals noch ein wilder und kriegerischer Volksstamm mit viel Freude an Bewegung in frischer Luft. Auch wer auf dem Main reiste, sei's zum Handeln oder zum Vergnügen, kam unweigerlich an dem vorbei, was heute Frankfurt ist. Diese topografische Gegebenheit begünstigte die Überzeugung, dass das Geld von ganz alleine zu einem kommt, sodass es dem, der an Ort und Stelle bleibt und dort seinen Geschäften nachgeht, nie an eingelegtem Käse und Kraut mangeln wird. Diese Erkenntnis bedingte eine charakterliche Beharrlichkeit der Proto-

Frankfurter, die sich unaufhaltsam über den gesamten Stamm der Chatten ausbreitete, der schließlich dadurch bekannt wurde, dass er sich in der Zeit der Völkerwanderung als einziger Stamm auf zwei Kontinenten um keinen Meter fortbewegte.

Das Römische Reich verging, und aus Nida wurde Heddernheim, das sich heute lediglich dadurch auszeichnet, dass es über ein U-Bahn-Depot und einen eigenen Karnevalsumzug verfügt. Frankfurt dagegen blieb die geografische Gegebenheit wie auch die wirtschaftliche Gelegenheit an der Kreuzung zweier Fernhandelsstraßen erhalten. Wer früher als Zeichen seines Wohlstandes noch Käse und Kraut im Keller eingelagert hatte, stellte bald fest, dass Geld eine größere finanzielle Dichte – sprich Wert pro Volumen – aufweist. Außerdem stinkt es nicht und ist fast unbegrenzt lange haltbar – zumindest Letzteres ist eine Eigenschaft, die es für den Frankfurter höchst erstrebenswert macht. Das Konzept, in Frankfurt auszuharren und Geld von jenen einzunehmen, die die Stadt alsbald wieder verlassen, erwies sich als überaus erfolgreich.

Die deutschen Kaiser kamen regelmäßig nach Frankfurt, zunächst weil Frankfurt angenehm gelegen war, größere Menschenmengen längere Zeit verpflegen konnte und nicht zuletzt des Kaisers eigener Besitz war. Gerne reisten die Herrscher aber auch an, um hier ihre leeren Kassen wieder aufzufüllen. Bereits 1241 war Frankfurt die zahlungskräftigste Stadt im gesamten Deutschen Reich. Andere Städte hatten gegenüber Frankfurt den Nachteil, dass sie sich im Besitz von Bischöfen oder anderen klerikalen Herren befanden, die des Kaisers Mahlzeiten mit allzu geistlichen Ermahnungen zu würzen pflegten.

Die Stadtväter begriffen schnell, wie wichtig Massenveranstaltungen sind, die viel Volk in die Stadt locken, dem man dann für viel Geld Unterkunft und Nahrung bieten kann, wie beispielsweise die Messe, die zweimal jährlich stattfand. An diesem Geschäftsmodell hat sich bis heute nichts geändert. So wird Frankfurt in regelmäßigen Abständen von Turnfesten, evangelischen wie katholischen Kirchentagen sowie unterschiedlichsten Messen heimgesucht. Den Frankfurter schaudert es regelmäßig, wenn wieder mal das europäische Klempnerhandwerk oder Scharen von Christen in Sandalen und Halstuch das Stadtbild ent- und verstellen und die Vorräte an Käse und Kraut, Bier und Apfelwein dezimieren. Aber tief im Herzen weiß der Frankfurter auch, dass das schon immer so war und auf ewig so bleiben muss, denn nur so wird das Wunder der Verwandlung von Handkäse und Apfelwein in Geld und Gold immer wieder ermöglicht.

Es lässt sich mithin nicht leugnen, dass der Frankfurter einen eher beharrlichen, ja fast kontemplativen Charakter besitzt und ihm der Gedanke an Revolution und Aufruhr fremd ist, es sei denn, bei derlei Anlässen ergäbe sich die Gelegenheit, an auswärtige Teilnehmer Salzgebäck zu verkaufen. Dennoch gab es sogar in der Frankfurter Geschichte zwei erfolgreiche Aufstände.

Dabei handelt es sich jedoch nicht, wie man vielleicht nach einem Blick in das Geschichtsbuch meinen könnte, um den Fettmilch-Aufstand von 1612, den Frankfurter Wachensturm von 1833 oder gar die *46 Artikel* von 1525 und die Revolution von 1848. Wie eine eingehendere Betrachtung zeigt, war keines dieser Ereignisse erfolgreich, jedenfalls nicht, was die beteiligten Frankfurter betrifft.

1525 fand der Bauernkrieg in Frankfurt seinen Höhepunkt in der Formulierung besagter *46 Artikel*. Der Kanoniker des Liebfrauenstifts notierte dazu in sein Tagebuch, dass Bewohner Sachsenhausens und der Neustadt »eyn conspiracion gemacht widder rat und geystlichkeit«. Der Titel dieser »conspiracion« lautet jedoch:

> *»Sechs undviertzig Artickel: So die Gemeyn / einem ersamen Rath der löblichen Statt Franckfort (in denen sie sich beschwert erfinden) fürgehalten. Welche mit Verwilligung beder theyls / fürthin also verstreckt werden söllen.«*

Das klingt dann doch eher versöhnlich und kann wohl kaum als gelungener Aufstand bezeichnet werden, zumal als Teilnehmende nur die Bewohner Sachsenhausens und der Neustadt, d.h. der Ansiedlung außerhalb der alten Stadtmauer, genannt werden, nicht jedoch die Altstadtbewohner, d.h. die echten und Ur-Frankfurter.

Deutlich dramatischer verlief der Fettmilch-Aufstand von 1612, dessen Name nicht auf naturbelassene Molkereiprodukte zurückzuführen ist, sondern auf seinen Anführer Vinzenz Fettmilch, seines Zeichens Lebkuchenbäcker und Mitglied der Fettkonditorenzunft.[12] Der Stadtrat bestand damals, von einigen unerheblichen Ausnahmen abgesehen, aus miteinander verschwägerten Mitgliedern weniger Patrizierfamilien, die es geschafft hatten, selbst die eiserne Finanzreserve der Stadt zu versaufen oder anderweitig für ihre eigenen Zwecke zu nutzen. Die Bevölkerung, unter Anführung des erwähnten Herrn Fettmilch, begehrte nun zu wissen, wohin das viele Geld, das sie erwirtschaftet hatte, entschwunden war, und was es mit den ominösen Privilegien auf sich hatte, die die Stadt angeblich besaß. Über diese wusste kaum jemand etwas genaues, sie schienen – so sie existierten – ausschließlich den Patrizierfamilien zugutezukommen.

Der Aufstand begann mit durchaus vernünftigen Forderungen: mehr Mitspracherecht der Zünfte im Stadtrat, Senkung der Getreidepreise und Begrenzung der Zinsen. Ein Kompromiss schien nahe, doch als die Patrizier den Verbleib von mehr als neun Tonnen Goldgulden nicht zufriedenstellend erklären konnten, eskalierte die Situation und der Aufstand endete mit der Plünderung der Judengasse und schließlich der öffentlichen Hinrichtung der Rädelsführer Vinzenz Fettmilch, Conrad Gerngroß, Conrad Schopp und Georg Ebalt, deren Köpfe anschließend auf dem Brückenturm ausgestellt wurden. Die Strafe für die anderen Beteiligten belief sich auf insgesamt 1.300.000 Gulden, die an den Kaiser zu zahlen waren. Kein

Erfolg also, zumal der Stadtrat in seiner alten Zusammensetzung vom Kaiser bestätigt wurde.

Der Frankfurter Wachensturm von 1833 wird gerne in Geschichtsbüchern als Beispiel für lokale Aufstände der Vormärzzeit angeführt: Fünfzig zu allem entschlossene junge Männer, Burschenschafter und polnische Emigranten, stürmten die Konstablerwache und die Hauptwache, die Wachlokale der Frankfurter Stadtpolizei, um die dort inhaftierten Publizisten Funck und Freyeisen zu befreien und bei dieser Gelegenheit auch gleich die Bundeskasse mitgehen zu lassen, die in der Hauptwache aufbewahrt wurde. Anschließend sollte die Bevölkerung sich erheben, das Bundespalais besetzt, die Gesandten beim Bundestag verhaftet und – nach einer allgemeinen nationalen Erhebung – die Republik ausgerufen werden. Die Wahrheit jenseits der Geschichtsbücher ist ernüchternd, denn keines der erhofften Ereignisse fand statt. Zwar erhob sich die Bevölkerung tatsächlich, allerdings nur von der Chaiselongue, um das merkwürdige Geschehen vom Fenster aus zu betrachten.

Die Beteiligung von Frankfurtern an der Revolution von 1848 beschränkte sich schließlich im Wesentlichen darauf, dass die Bornheimer Lithografengattin Henriette Zobel mehrmals mit einem Regenschirm auf Fürst Lichnowsky einschlug, während dieser ermordet wurde. Der Regenschirm kann heute im Stadtarchiv besichtigt werden.

Keines dieser Ereignisse kann man mithin als gelungenen Aufstand durchgehen lassen. Der Grund für die Erfolglosigkeit liegt zweifellos in der mangelnden Motivation der Beteiligten: Wer sich vor allem um das Wohlergehen seiner Vorräte an Bier und Handkäse sorgt, für den hat die Befreiung inhaftierter Publizisten nur einen begrenzten Wert. Und dennoch gab es in Frankfurt zwei zweifellos erfolgreiche Aufstände. Deren Auslöser waren zum einen die Größe von Backwaren und zum anderen der Preis von Bier, zwei Themen, die mitten ins Herz des Frankfurters zielen. Es handelt sich um den Brötchenkrieg von 1848 und den Bierkrawall von 1873.

Juli 1848: In der Frankfurter Paulskirche tagte seit sechs Wochen die Deutsche Nationalversammlung, die gerade Erzherzog Johann von Österreich zum Reichsverweser gewählt hatte. Die Schiffer, Fischer und Gerber von Sachsenhausen blickten täglich mit stillem Neid auf die Weltgeschichte, die sich jenseits des Mains vollzog, und allabendlich wurde beim Schoppen darüber debattiert, dass Sachsenhausen endlich auch seine Revolution haben müsse. Aber mit welchem Ziel? Hehre Werte wie Freiheit, Gleichheit und Brüderlichkeit hatte bereits das Paulskirchenparlament für sich beansprucht, ebenso eine Verfassung. Was für die Sachsenhäuser hingegen kein Problem war, hatte sich doch bei ihnen die ursprüngliche Überzeugung erhalten, der zufolge Glück im Besitz von Käse, Kraut und Most zu bemessen ist. So hat für den Sachsenhäuser nur wenig Wert, was er nicht trinken oder essen kann – und eine Verfassung kann man nun mal nicht essen. Das aber galt auch für die Brote und Brötchen des Bäckers Jost in der Löhergasse, nahe des Sachenhäuser Mainufers. Dessen Brötchen waren zu klein und seine Brote nur halb gebacken. Beschwerte sich jemand über das unzulängliche Backwerk, so beschied ihm der brüske Bäckermeister, er solle froh sein, überhaupt etwas zu bekommen. Kurz, der Mann war schlimmer als seinerzeit Marie Antoinette, die dem Pöbel geraten hatte, er solle Kuchen essen, wenn es kein Brot gab. Die empörten Sachenhäuser erwogen nun, ihn, wie es früher üblich war, zur Strafe für sein Geschäftsgebaren mit dem Ohr an seine Tür zu nageln oder ihm die Ohren aufzuschlitzen, aber ein solches Vorgehen erschien zu traditionell, zu wenig revolutionär und wurde verworfen. Man beschloss stattdessen, mit allerlei Küchengerät vor das Haus des wenig serviceorientierten Bäckers zu ziehen und dort so lange herumzulärmen, bis der Mann sich ergeben würde – ein Verfahren, das man während der Revolution andernorts mit wechselndem Erfolg, aber großem Vergnügen gegen missliebige Politiker eingesetzt hatte.

Am Abend des 6. Juli versammelte sich die revolutionäre Bevölkerung Sachsenhausens vor dem Haus des Bäckers und begann, mit Pfannen und Töpfen, Kannen und Bembeln ihr Missfallen kundzutun. Anstatt sich mannhaft der Menge zu stellen, zog es der Bäcker vor, über den Main zu flüchten und die Frankfurter Stadtwehr zu Hilfe zu holen. Unter dem Schutz von einem Dutzend Gendarmen kehrte er nach Sachsenhausen zurück, wo die Revolution mittlerweile in die zahlreichen Kneipen verlegt worden war. Im erstbesten Lokal wies der Bäcker willkürlich auf vier mutmaßliche Revolutionäre und verlangte deren Verhaftung – aber so einfach ließen sich die Sachsenhäuser ihre Revolution nicht nehmen, die Gendarmen wurden vor die Tür gesetzt und auch die herbeigeeilte Verstärkung wurde verprügelt und verjagt.

Nun wurde auch die Frankfurter Stadtregierung auf die Lokalrevolution aufmerksam und entschied – vor allem angesichts der bevorstehenden Ankunft des Reichsverwesers Erzherzog Johann –, dass der Sachsenhäuser Aufstand unzulässig sei. Um diesen niederzuschlagen, wurde am 7. Juli das in Frankfurt stationierte Linienregiment nach Sachsenhausen beordert. 120 Mann marschierten über die Alte Brücke. Die Sachsenhäuser erkannten, dass nun ihre Lebensgrundlage – der freie und ungestörte Konsum von Handkäse, Geselchtem und Apfelwein – auf dem Spiel stand und griffen zu den Waffen. Wo käme man denn hin, wenn jedesmal, wenn man einen betrügerischen Bäcker verjagte, die Staatsgewalt das Militär einsetzen würde!

Bembel wurden geleert und geschwenkt. Die Handkäsevorräte wurden in Sicherheit gebracht. Die Fenster wurden geöffnet, und es wurde laut nach draußen geschimpft. Einigen Soldaten gelang es noch, einen Unbeteiligten zu verhaften, dann mussten sie sich flüchtend mit ihrem Gefangenen ins Deutschordenshaus zurückziehen. Aber der Deutsche Orden hatte bereits das Baltikum verloren und konnte auch in Frankfurt keinen Schutz mehr bieten: Das Volk stürmte die Tore, der Gefangene wurde befreit und die im Heu versteckten Soldaten wurden aufgespürt und verprügelt. Unterdessen begann das Regiment sich aufzulösen: Die Soldaten verstanden die hehren Ziele der Sachsenhäuser, und dass ein Mann notfalls dafür kämpfen muss, seinen täglichen Schoppen unbehelligt von der Staatsgewalt einnehmen zu können. Dass es bei dem Konflikt ursprünglich um mangelhafte Backwaren ging, war zu diesem Zeitpunkt bereits in Vergessenheit geraten. Die meisten Soldaten schlossen sich der Revolution an, die Unbesonneneren unter ihnen flüchteten. Hinter ihnen wurden am Affentor und am Schaumaintor sowie auf der Alten Brücke Barrikaden errichtet.

Sachsenhausen war nunmehr frei und fest entschlossen, auch frei zu bleiben. Kessel voller Apfelwein wurden zum Sieden gebracht, auf den Barrikaden wehten rote Fahnen, die zum Kampf geleerten Bembel wurden wieder gefüllt, in den Straßen herrschte fröhliche Anarchie. Die gute Stimmung wurde leicht getrübt, als gegen neun Uhr abends ein heftiger Gewittersturm mit Hagel einsetzte. Die Revolution wurde daraufhin wegen schlechten Wetters in die Kneipen verlegt. Die Soldaten, die sich auf der Alten Brücke gesammelt hatten, mussten durchnässt und entmutigt im Regen ausharren. Sie wussten, dass sie auf der falschen Seite standen. Am nächsten Morgen standen die Sachsenhäuser wieder auf den Barrikaden, bereit, bis zum letzten Handkäse die Revolution zu verteidigen. Doch diesmal hatten sie keine Chance, denn kurz nach Sonnenaufgang erschienen die Marktfrauen aus Oberrad auf dem Schauplatz, die durch das Affentor und über die Alte Brücke zum Markt wollten. Mit den Worten »Ihr Lumpehunde! Alleh! Uffgeräumt! Vorwärts!« verlangten sie, durchgelassen zu werden. Die Revolutionäre erkannten, dass sie hier machtlos einer höheren Gewalt gegenüberstanden und räumten die Barrikaden ab. Die Revolution war damit zwar beendet, aber Sachsenhausen hatte dennoch gesiegt: Das Linienregiment war abgezogen, Schoppen und Handkäse waren gesichert. Und einen Bäcker Jost hat man seitdem in Sachsenhausen nicht mehr gesehen.

Frankfurt versank wieder in Ruhe und Ordnung, die Gärröhrchen auf den Apfelweinfässern klackerten friedlich vor sich hin und in den Gärkesseln blubberte es sacht. Doch wenige Jahre später, 1873, musste man plötzlich Folgendes in der Zeitung lesen:

> *»Vor der Henrichsen Brauerei schwenkte auf einmal eine Abteilung Soldaten und zwar unter dem Kommando des Leutnants v. Holbach von der Großen Friedberger Gasse in die Kleine Friedberger Gasse ein, marschierte noch ungefähr 20 Meter vorwärts, hielt an und machte sich schußfertig. Das Publikum befand sich in einer bösen Lage. Es flüchtete so schnell wie möglich, soweit die Haustüren noch offen standen, in die Häuser hinein.«*[13]

Was war geschehen? Drei Wochen zuvor hatten die Brauereien den Bierpreis erhöht: Während ein halber Liter Bier bisher einen Batzen, also vier Kreuzer à drei Pfennige kostete, hatte man jetzt viereinhalb Kreuzer zu berappen. Da es keine Münzen zu einem halben Kreuzer gab, bezahlte man fünf Kreuzer und bekam zum Bier eine Halb-Kreuzer-Marke, die man beim nächsten Bier wieder einlösen konnte – allerdings nur beim selben Wirt.

Nun ist der Bierpreis für den Frankfurter eine Art Naturkonstante; Änderungen haben schwerwiegende Auswirkungen auf alle Bereiche seines Seins: Eine Änderung der Gravitationskonstante könnte keine schlimmeren Folgen haben. Zudem galt der Bierpreis als ererbtes Gut, das es zu bewahren galt: Bereits die Urahnen erhielten ihr Bier für einen Batzen. Eine Erhöhung des Bierpreises widersprach also Natur und Tradition gleichermaßen und stellte damit eine bislang unerhörte Ungerechtigkeit dar, welche die Existenz des Frankfurters und damit des gesamten Gemeinwesens bedrohte.

Der Gedanke an Aufstand, Aufruhr und Revolution, der in Frankfurt drei Jahrzehnte geschlummert hatte, wurde jäh aus seinem Schlaf geweckt.

1866 war Frankfurt, nachdem es über fünfzig Jahre lang eine Freie Stadt war, von Preußen annektiert worden. Das hatte die Frankfurter zwar maßlos geärgert, aber keineswegs auf die Barrikaden getrieben. Im Gegenteil, nach einer kurzen Phase der Lethargie hatten sie erkannt, welche Möglichkeiten die Eingliederung in Preußen brachte, insbesondere für den Fremdenverkehr. Die Produktion von Apfelwein, Würstchen und Laugengebäck erreichte binnen weniger Jahre einen unerwarteten Höchststand.

Auswärtige Agitatoren hatten sich nach der Annektion der Freien Stadt Frankfurt durch Preußen vergeblich die Klinken der Versammlungshallen in die Hand gegeben, um die Frankfurter für die Ideale der kommunistischen Internationale und andere revolutionäre Ziele zu begeistern, aber außer Würstchenverkäufern und Brezelbuben, die ein Geschäft witterten, kam kaum jemand zu ihren Versammlungen. Als man amtlicherseits meinte, man müsse nun auch in Frankfurt der »roten Gefahr« Herr werden, fand man im gesamten Stadtgebiet nicht mehr als 49 Sozialdemokraten, die ausgewiesen werden konnten. Was nun den auswärtigen Agitatoren und der gesammelten Sozialdemokratie nicht gelungen war, schafften die Brauereien mit der Erhöhung des Bierpreises. Die auswärtigen Agitatoren reisten wieder an und trafen diesmal auf fruchtbaren Boden.

Ein Gespenst ging um in Frankfurt, und sein Name war Bierpreis.

Der 21. April 1873 war der dritte Montag der Frankfurter Frühjahrsmesse und daher traditionell arbeitsfrei. Das entsprechende Volksfest fand auf der Bleichwiese an der Breiten Gasse statt. Die dort versammelten Frankfurter waren hin- und hergerissen zwischen dem natürlichen Drang zu trinken und dem Versuch, es angesichts des saftigen Preises zu unterlassen, was natürlich nicht gelang. Die aus diesem Gewissenskonflikt resultierende Verwirrung wuchs. Gegen vier Uhr nachmittags zog schließlich eine halb trunkene, halb durstige Menge von ungefähr hundert Mann durch die Stadt, auf der Suche nach preiswertem Bier. Der Schlachtruf »Mir wolle Batzebier!« wurde geboren und hallte durch die Straßen. Mehrere Gaststätten, die an der Preiserhöhung festhielten, wurden demoliert. Brauereien wurden belagert, aber die Brauer wehrten sich, indem sie heißes Bier auf die Angreifer gossen. Die Polizei, die aus sechs Kommissaren, fünf Wachtmeistern und 55 Schutzleuten bestand, war hilflos. Die Stimmung unter den Durstigen und Protestierenden stieg.

Die Stadtverwaltung wurde darüber informiert, dass Menschen durch die Straßen zögen und nach Bier riefen. Man hätte sie einfach ziehen und rufen lassen können, doch gehörte Frankfurt zu Preußen, und daher waren dem Oberbürgermeister Mumm von Schwarzenstein tolerante Erwägungen fremd. Er hörte nur die Stimme des Aufruhrs und rief seinerseits das Militär. In Preußen steht man halt nicht auf der Straße herum und ruft, es sei denn, man hat etwas zu verkaufen. Tut man es dennoch, wird man erschossen. Dies mussten auch die auf der Straße stehenden und rufenden Frankfurter erkennen, die sich plötzlich der preußischen Auffassung von Ordnung gegenübergestellt fanden und die Erfahrung machten, dass diese mit scharf geladenen Gewehren ausgestattet ist. Für 21 von ihnen kam diese Erkenntnis zu spät, unter anderem für eine Frau und einen zehnjährigen Jungen. Die anderen, darunter alle Würstchenverkäufer und Brezelbuben, konnten sich in die umliegenden Wohnhäuser retten. Unzählige wurden verletzt, dreihundert verhaftet, gegen 47 wurde Anklage erhoben, die meisten von ihnen mussten für mehrere Jahre ins Zuchthaus.

Aber diesmal war der Aufruhr nicht vergeblich, denn kurz darauf erklärten die Sprecher der Brauer-Vereinigung, Conrad Binding und Christian Henninger, dass ihretwegen »Leben und Eigentum« nicht bedroht werden sollen und nahmen die Bierpreiserhöhung zurück.

[12] Die Frankfurter Variante des Lebkuchens heißt Haddekuche: ein Gebäck, das der Frankfurter erst dann für genießbar hält, wenn es die Farbe und Konsistenz von Terrakotta angenommen hat. Es lässt sich auch wirkungsvoll bei Wirtshausschlägereien einsetzen. Manche sagen, das sei in Wahrheit auch sein einziger Verwendungszweck.

[13] Hermann Reiffenstein in einem Leserbrief an die Frankfurter Zeitung, zitiert nach: Frankfurter Rundschau vom 21. August 1998, S. 24.

Die Heilige Hirnschale

Am 24. August 1238 wohnte die Frankfurter Bevölkerung voller Zerknirschung einem peinlichen Schauspiel bei, von dem alle Beteiligten hofften, dass seine näheren Umstände möglichst schnell in Vergessenheit geraten würden.

Man feierte die Weihe der Bartholomäuskirche, die gerade neu hergerichtet worden war, um zukünftig als Frankfurter Dom den prachtvollen und würdigen Rahmen für die Wahl der deutschen Könige zu bilden.

Bei der Wiederherstellung der Kirche hatte man jedoch nicht nur die Königswahlen im Blick gehabt, die ja nur alle paar Jahre stattfinden konnten. Schlimmstenfalls, wenn der aktuelle Amtsinhaber Pest und Kreuzzüge hartnäckig überlebte, sogar erst nach Jahrzehnten. Was den Frankfurtern vorschwebte, war ein immerwährender Pilgerstrom, wie man ihn in Rom und Santiago de Compostela kannte – ausgehungerte Pilger mit verklärtem Blick, denen man Brezeln und Bier, miese Herbergen und billige Souvenirs zu Wucherpreisen verkaufen konnte, und die dann auch noch dankbar waren. Dazu fehlte jedoch noch eine geeignete Reliquie, mit der man die Massen anlocken konnte. In Santiago de Compostela hatte man schon Jahrhunderte zuvor eine fragwürdige Mumie zum Leichnam des Apostels Jakobus erklärt, eine unbeweisbare Legende darum gestrickt und jeden Zweifel an der Echtheit des Heiligen durch den Bau einer gewaltigen Kathedrale im Keim erstickt.

Die wirklich prominenten Reliquien waren im 13. Jahrhundert jedoch leider bereits verteilt: Die Sandalen Jesu befanden sich in Prüm, seine Windeln in Aachen, und die Gebeine der Heiligen Drei Könige hatte der Kölner Erzbischof kurz zuvor aus Rom mitgehen lassen. Die Heilige Vorhaut Christi zu besitzen, behaupteten nicht weniger als 14 Kirchen in ganz Europa, und aus den vorhandenen Splittern des Heiligen Kreuzes hätte man Jerusalem im Maßstab eins zu zehn nachbauen können.

Frankfurt hatte sich daher den heiligen Bartholomäus ausgesucht, der nicht nur wie Jakobus einer der zwölf Apostel war – und damit mindestens so prominent wie der heilige Jakob –, sondern auch auf ausgesprochen spektakuläre Art zu Tode gekommen war. In Armenien hatte man ihm bei lebendigem Leib die Haut abgezogen, ihn dann kopfunter gekreuzigt und ihm schließlich den Kopf abgeschlagen. Derartiges lässt sich ansprechend und detailliert darstellen: Der Heilige, sich noch heftig gegen seine Peiniger wehrend, die mit scharf geschliffenen Messern nahen, dann schon halb gehäutet mit qualvollem Blick gen Himmel blickend, und schließlich der Märtyrer, der seine Haut wie ein überflüssiges Kleidungsstück in der Hand hält. Frankfurt war sicher, den Massen geben zu können, was sie begehrten: Horror, die Befriedigung niederster Gelüste, dann Vergebung, gefolgt von Laugengebäck und Bier. Wenn dann noch das eine oder andere Wunder geschehen würde – und alle waren sicher, dass Wunder geschehen würden –, bräuchte man sich um die Zukunft des Fremden- und Pilgerverkehrs keine Sorgen mehr zu machen.

Ein weiterer Vorteil des heiligen Bartholomäus war die Verfügbarkeit seiner Gebeine. Diese waren wunderbarerweise schon vor einigen hundert Jahren in einem Sarg an den Liparischen Inseln nördlich von Sizilien angespült und von dort nach Rom verbracht worden, wo sie in einem kleinen Kirchlein unbeachtet herumlagen. Seit 1166 sprachen Vertreter der Stadt Frankfurt regelmäßig bei den deutschen Kaisern wegen des Apostelgebeins vor, aber die Verhandlungen verliefen zäh wie Schweineschwarte. Friedrich II. ließ sich schließlich zur Überführung des Heiligen an den Main bewegen. Frankfurt versprach dafür ein üppiges Darlehen zu einem günstigen Zinssatz sowie einen Anteil der Einnahmen aus dem Devotionalienverkauf.

Als der heilige Bartholomäus (beziehungsweise das, was noch von ihm übrig war) in Frankfurt eintraf, waren die Bauarbeiten an der alten Salvatorkirche, die nach erfolgter Renovierung die Apostelüberreste aufnehmen sollte, bereits seit Jahren im Gange, ohne dass ein Fortschritt zu erkennen gewesen wäre. Maurer, Schreiner und Spengler begannen – wie heute noch üblich – im Morgengrauen lautstark zu hämmern, klopfen und bohren, bis auch der letzte Nachbar wach war. Dann wurde dem allgemeinen Wunsch nach Ruhe Rechnung getragen, der Lehrling nach Fleischwurst und Bier geschickt, und die Frühstückspause ging nahtlos in den Feierabend über. Die Kirche hatte daher trotz der Bauarbeiten nichts an Baufälligkeit eingebüßt, man musste sogar die Glocken abhängen lassen, da sie die Türme zum Einsturz gebracht hätten, wären sie versehentlich geläutet worden. Der Heilige musste daher vorübergehend anderweitig untergebracht werden und wurde in der Sakristei des Bartholomäusstifts abgestellt.

Schließlich drohte sogar das Geld für die Kirchenrenovierung auszugehen, weshalb man sich an den Papst wandte und auf den prekären Zustand des Gotteshauses sowie die davon ausgehende Gefährdung des Märtyrergebeins hinwies. Papst Gregor IX. war zwar wegen der Entfernung der Apostelreste aus seinem unmittelbaren Einflussbereich erheblich missgestimmt, versprach jedoch trotzdem jedem, der für die Wiederherstellung spenden oder sich daran beteiligen würde, einen Ablass von zwanzig Tagen.

Zwanzig Tage Ablass!

Zwanzig Tage weniger Fegefeuer!

Der Umrechung von Sünden in Fegefeuertage folgte einem festgelegten und allseits bekannten Kurs. Jeder konnte sich also ausrechnen, welche Schand- und Missetaten er für zwanzig Tage Fegefeuer begehen bzw. welchen Lastern er sich dafür hingeben konnte. Die Bauarbeiten erlebten einen unerwarteten Zulauf, jeder wollte mitarbeiten, und sei es nur, indem er einen Eimer Sand aufs Dach trug oder die Handwerker mit

Bier und Mettbrötchen versorgte. Die Renovierung der Kirche ging nun zügig voran, allerdings aufgrund des Ablassversprechens auch einher mit einem allseitigen Verfall der öffentlichen Ordnung. Der Stadtrat konstatierte mehr als üblich »Zänckerey, Schlag- und Raufflhändel in allen Gassen und Häusern«, die Gastwirte dagegen verbuchten einen erfreulichen Absatzzuwachs von Bier und Wein.

Im allgemeinen Trubel vergaß man aber nicht den eigentlichen Anlass der Feiern, den heiligen Bartholomäus. Wenn schon die Teilnahme an der Renovierung seiner Kirche oder auch nur das Spenden eines Mettwurstbrötchens an einen hungrigen Dachdecker zur Vergebung von Sünden, beziehungsweise zu Freuden in ungeahntem Ausmaß führten, musste dann nicht der Besitz eines Teils der Apostelreliquie zu einem ungleich größeren Glück verhelfen? Die Menge brauchte nicht lange, um diese Frage mit »abbä sischä doch« zu beantworten, und stürmte das Bartholomäusstift. Die Stiftsherren waren hilflos und die Gebeine schnell verteilt. Lediglich ein kleines Stückchen Hirnschale, das im Tumult hinter einen Beichtstuhl gerutscht war, konnte gerettet werden.

Größere Knochenstücke wurden von den Reliquienräubern noch in der Nacht zersägt und immer weiter zerteilt, sodass sich die Apostelknochen im Morgengrauen quasi aufgelöst hatten. Nachforschungen oder gar der Versuch einer Wiederbeschaffung des Heiligengerippes erwiesen sich als sinnlos, also blieb seitens der Stadtregierung nur der Versuch der Vertuschung. Um den Verbleib des Apostels zu erklären, wurde dem Kirchlein in Rom, das bisher die Reliquie beherbergt hatte, unter der Hand ein neues Skelett finanziert, und die Stadt Frankfurt behauptete, dass sie lediglich und – wie man sagte – vereinbarungsgemäß ein Stück Bartholomäische Schädeldecke bekommen habe, worüber man sehr glücklich sei.

Die Weihe der Bartholomäuskirche verlief dann allerdings in peinlich gedrückter Stimmung. Sämtliche Sünden und Laster, denen man sich für zwanzig Tage Ablass hatte hingeben können, waren erledigt und – hoffentlich – vergeben und vergessen, und man beobachtete nun leicht verkatert, wie der Bischof von Ratzeburg (ein prominenterer Kirchenmann hatte sich für das Schauspiel nicht hergeben wollen), die Heilige Hirnschale kurz vorzeigte, dann aber mit einem erleichterten »Amen« in der Krypta versenkte – und mit ihr alle Ambitionen der Stadt, Ziel entrückter, durstiger und spendenfreudiger Pilgermassen zu werden.

1612, nach dem gescheiterten Fettmilchaufstand, stand Kaiser Matthias vor der Frage, wie er die Frankfurter wirkungsvoll für ihre Unbotmäßigkeit bestrafen könnte. Natürlich wurde eine gewaltige Geldstrafe verhängt, und die abgeschlagenen Köpfe der Rädelsführer wurden am Brückenturm aufgespießt, wo sie für die nächsten zwei Jahrhunderte hängen blieben. Aber beide Strafen waren nicht von Dauer; die Geldstrafe war schnell bezahlt, und die Aufrührerschädel wurden zu einer weithin beliebten Besucherattraktion. Eine viel größere Demütigung für Frankfurt bedeutete die Verfügung, die peinliche Hirnschale des Bartholomäus jedem in die Stadt einziehenden Kaiser entgegenzutragen und sie außerdem jedes Jahr am Namenstag des Heiligen der Öffentlichkeit zu präsentieren.

Die Hirnschale befindet sich heute etwas abseits im südlichen Querschiff des Doms, und nur ein kleines Schild weist ein wenig verschämt darauf hin. Dies ist zum einen der Befürchtung geschuldet, die Frankfurter könnten auch den Rest des Heiligen noch aufteilen wollen, wenn man zu offensichtlich darauf hinweisen würde. Zum anderen wirkt hier immer noch die Peinlichkeit nach, eine zweifellos echte und bereits bezahlte Apostelreliquie über Nacht verloren zu haben.

In vielen Frankfurter Haushalten – und Gerüchten zufolge auch in einer großen Frankfurter Brauerei – gab es jedoch noch bis in die fünfziger Jahre des letzten Jahrhunderts das sogenannte »Bartels-Knöschelsche«, ein uraltes Stück Gebein, das an einer Schnur in den Suppentopf oder den Gärkessel gehängt und dem eine vage wundertätige Wirkung nachgesagt wurde.

Ein Frankfurter beim Kaiser von Abessinien

Üblicherweise ist der Frankfurter nur selten bereit, sich allzu weit von seiner Heimatstadt zu entfernen. Sobald er die Skyline nicht mehr sehen kann, wird er unruhig und verlangt nach Grüner Soße, die er natürlich nirgends bekommt. Daraufhin wird er noch verdrießlicher und mürrischer, als er es zu Hause ist. Niemand ist dankbarer als der Frankfurter, wenn er beispielsweise auf der A5 von Norden kommend die letzten Ausläufer des Taunus überquert hat und auf Höhe der Milupa-Fabrik endlich die Dunstglocke über seiner Heimatstadt wiedersieht. Oder wenn er, kurz nachdem er auf seinem Flughafen gelandet ist, in der S-Bahn die Ansage hört: »Weschen aaner vorausgegangene Beddriebsschdörung kommt es dezzeid zu Verzöscherunge im Beddriebsabblauf. Damit will isch sache, isch waas aach noch net, was los is, abber mir bleibe jetzt ersdema hier stehe und gugge, was bassiert.«

Jemand, der ankündigt, er gedenke sich auf eine mehrmonatige Reise in weithin unbekannte Gegenden zu begeben, in denen nichts ausgeschenkt wird, was Apfelwein auch nur entfernt ähnelt, wird allenthalben mit Misstrauen betrachtet.

Als Eduard Rüppell 1794 in Frankfurt geboren wurde, hätte daher niemand zu prophezeien gewagt, dass er einmal mehrere Jahre im nördlichen Afrika und in Arabien zubringen würde und zu einem der bedeutendsten Naturforscher des frühen 19. Jahrhunderts avancieren sollte – und das aus freien Stücken! Eduards Vater, Simon Rüppell, war kurfürstlich hessischer Oberpostmeister sowie Teilhaber des Frankfurter Bankhauses Rüppell & Harnier und plante für seinen Sohn eine eher konventionelle Karriere, bei der Hypothekendarlehen, Diskontwechsel und Dividenden wesentliche Rollen spielen sollten. Als Eduards Eltern 1812 starben, war er 17 und ein etwas ungestümer und eigensinniger junger Mann mit trotzigem Blick. Auch wenn es, wie er später schrieb, »seinen Neigungen so wenig entsprach«,[14] arbeitete er in den nächsten Jahren in verschiedenen Handelshäusern in England und Frankreich, wobei ihm, nach eigener Einschätzung, seine »sechs schönsten Jugendjahre [...] nutzlos in materiellen Beschäftigungen verloren gingen.«[15] In dieser Zeit entwickelte der junge Rüppell auch seine hervorstechendste Eigenschaft, die ihn bis in das hohe Alter begleiten sollte – ein unausstehlich arrogantes Auftreten, mit dem er jedermann vor den Kopf stoßen konnte.

Da es mit seiner Gesundheit nicht zum Besten bestellt war – die feuchtkalte Luft in den englischen Kontoren war dem jungen Herrn nicht bekommen –, reiste er 1817 nach Italien und von dort weiter nach Ägypten. In Kairo lernte er Jean Louis Burckhardt kennen, einen jungen Schweizer Afrikaforscher. Burckhardt war nur zehn Jahre älter als Rüppell, hatte aber bereits jahrelang in Syrien gelebt, sprach fließend Arabisch, trug arabische Kleidung und hatte sich den Namen Sheik Ibrahim ibn Abdallah zugelegt. In den letzten Jahren hatte er zwei Expeditionen den Nil aufwärts bis nach Nubien und weiter ans Rote Meer angeführt, den versunkenen Tempel von Abu Simbel wiederentdeckt, war als einer der ersten Europäer nach Dschidda, Mekka und Medina vorgedrungen und hatte in den letzten Jahren mehr gesehen und erlebt, als alle Einwohner seiner Heimatstadt Basel sich in ihren wildesten Träumen jemals hätten ausmalen können. Schließlich war er an der Ruhr erkrankt, an der er nun langsam dahinsiechte, was ihn jedoch nicht davon abhielt, nun das nördliche Ägypten und die Halbinsel Sinai zu erkunden.

Kamelkarawanen! Die Quellen des Nil! Verlassene Tempel! Bizarre Rituale! Unbekannte Krankheiten! Rüppell war begeistert von dem, was Burckhardt erzählte. Am meisten imponierte ihm wohl, dass Burckhardt ein vollkommen unabhängiger Mensch war, der niemandem Rechenschaft ablegen musste und auf die Meinung anderer schlichtweg gar nichts gab. Dieses Ziel strebte nun auch Rüppell an. Unverzüglich kehrte er nach Frankfurt zurück und widmete sich in den nächsten Jahren ausschließlich der Vorbereitung seiner ersten Afrika-Expedition. Jede »materielle Beschäftigung« hängte er an den Nagel, aber finanzielle Mittel waren dank seiner Erbschaft ausreichend vorhanden – und auch ein Abnehmer für alles, was er mitbringen würde: Kurz zuvor war auf Anregung Goethes in Frankfurt die »Senckenbergische Naturforschende Gesellschaft« gegründet worden, die nun begierig nach Ausstellungsstücken für ihr öffentliches Naturalienkabinett suchte. Zwar hatten die Gründungsmitglieder und wohlmeinende Frankfurter bereitwillig ihre Gesteins- und Schmetterlingssammlungen beigesteuert, aber ein großes Publikum konnte man damit weder anlocken noch begeistern.

1822 konnte Rüppell endlich aufbrechen, nachdem er sich die notwendigen Kenntnisse für eine Afrika-Expedition hatte beibringen lassen, vor allem den Gebrauch eines Sextanten, verschiedener Schusswaffen sowie merkwürdigerweise eines Instrumentes zur Messung der Luftelektrizität, von dem er sich wohl aufsehenerregende Erkenntnisse versprach. Zunächst reiste er nach Kairo, von dort den Nil aufwärts bis nach Nubien, und schlug sich dann weiter durch bis nach Kordofan im heutigen Sudan, mitten ins tiefste Afrika, wohin noch nie ein Europäer seinen Fuß gesetzt hatte, geschweige denn ein Frankfurter – jedenfalls keiner, der lebend wieder zurückgekehrt war und über seine Erlebnisse hätte berichten können.

Nicht zurückzukehren kam für Rüppell freilich nicht in Frage, und bei seiner Heimkehr wollte er möglichst viel aus Afrika mitbringen. Vor allem Tiere. Wüstenspitzmäuse. Vögel. Insekten. Füchse. Fische. Fledermäuse. Giraffen. Nilpferde. Kleine Tiere, große Tiere, mittelgroße Tiere. Alles. Damit seine Beute das heimische Frankfurt zwar tot, aber ansonsten unbeschadet erreichen konnte, hatte er einen eigenen Konservator dabei. Dem jungen Wundarzt Michael Hey kam die Aufgabe zu, die Tiere zu erlegen und fachgerecht zu präparieren. Außerdem durfte er Rüppells Launen ertragen und die Schuld für schlechtes Wetter, Aufstände und alle anderen Beschwerlichkeiten der Reise auf sich nehmen.

Neben Tieren sammelte Rüppell auch Pflanzen, Mineralien, lokale Sitten und Krankheiten. Letztere hinderten ihn immer wieder an der Weiterreise und trugen wesentlich zu einer Verschlechterung seiner Laune bei – sehr zum Leidwesen von Herrn Hey. So ramenterte sich Rüppell nilaufwärts und hatte in der Regel an allem etwas auszusetzen.

Lediglich in Dongola, der Hauptstadt Nubiens, schien es Rüppell ganz gut zu gefallen, jedenfalls schrieb er über die Einwohner, sie seien »immer munterer Laune; sie singen und tanzen gerne und oft, und wenn sie nur Busa zu trinken haben, so vergessen sie alle anderen Trübsale.«[16] Zum Beispiel, dass ein Unbekannter in ihre Hütte tritt, neugierig in ihren Kochtopf schaut und dumme Fragen stellt. Wozu dieser Kübel da neben dem Bett gut sei? Wie man bei der Krokodiljagd vorgehe? Oder der auf Nilpferde? Angenommen, man wolle eine Frau kaufen, wie viel müsse man da investieren? Ob die junge Dame nicht einmal einen dieser interessanten Tänze …?

Allmählich kamen die so befragten Menschen auf die Idee, Rüppell als unerschöpfliche Geldquelle zu betrachten – ein Phänomen, das ihm eigentlich aus Frankfurt bekannt gewesen sein sollte:

> *»Man machte mir tausend Versicherungen von Dienstergebenheit, aber alles, wenn ich nicht irre, in der egoistischsten Absicht, und ohne je daran zu denken, die Versprechung durch die That zu bewähren, wenn anders nicht ein offenbarer Vortheil dabei einleuchtete.«*[17]

Ganz wie zu Hause also.

Rüppell kehrte 1827 nach Frankfurt zurück und wurde dort begeistert gefeiert. In den letzten fünf Jahren war er weiter nach Afrika vorgestoßen als je ein Europäer vor ihm, hatte anschließend noch Suez und die Gegend um den Golf von Akaba erkundet und war von den Mönchen des dortigen Katharinenklosters mit Steinen beworfen worden, weil er sie beim Schnapsbrennen gestört hatte. Er hatte mindestens sieben in Frankfurt bisher unbekannte Krankheiten überlebt, unvorstellbaren Ritualen beigewohnt und war auf der Heimreise auch noch von Piraten überfallen worden.

Und er konnte berichten, wie es so zuging im fernen Afrika:

»Innerhalb oder ganz bei jeder berberischen Hütte findet man ein spannhohes, aus Lehm aufgemauertes Sopha, an dessen einem Ende ein irdener Topf bis an den Rand eingegraben ist, man nennt es Kulenkul, und sein Gebrauch ist einzig und allein, um die Geschlechtsteile der Verehelichten zu räuchern, welches, wie man vorgibt, ganz besonders zur Stärkung beitragen soll.«[18]

Ein Brauch, der also offenbar nur von Verheirateten gepflegt wurde, aber eine Ehe war ja leicht zu arrangieren:

»Jetzt bekommt man ein schönes Mädchen für 12 bis 15 Speciesthaler, nämlich 7 Thaler in Geld, eine Kuh im Werth von 4 Thaler, zwei fette Schafe oder Ziegen, und zwei Stück Baumwollzeug, zusammen werth etwa 4 Thaler.«[19]

An dieser Stelle begannen die Frankfurt durchzurechnen, was sie sich wohl leisten könnten. Gewisse Begleiterscheinungen des sozialen Miteinanders in Afrika schienen dagegen eher befremdlich zu sein:

»Die Tänzerin macht gleichfalls groteske Stellungen, und endet damit, daß sie den vier Anbetern, als Zeichen ihrer Gunst, ihr von Fett triefendes Haupthaar, jedem abwechselnd, um den Nacken schlenkert.«[20]

Groteske Tänze, exotische Bräuche, Abenteuer – die Frankfurter waren fasziniert. Der eine oder andere schmiedete sogar Pläne für eigene Exkursionen, kam aber in der Regel über den Odenwald nicht hinaus. Auch im Senckenbergmuseum wurde Rüppell gefeiert, auch wenn wegen der Masse seiner gesammelten Mitbringsel ein Anbau geplant werden musste. Rüppell wies jedoch alle Beifallsbekundungen barsch zurück:

»Meine Landsleute suchten sich mir dafür dankbar zu beweisen, indem sie mich öffentlich mit Lobsprüchen überhäuften, aber dabei den Irrtum begingen, mich als einen Gelehrten, oder mit ungewöhnlichen Talenten und einer ganz besondern Thätigkeit versehenen Reisenden zu qualificiren […]. Durch eine sehr sonderbare Verwechslung wurden alle meine Protestaktionen als übertriebene Bescheidenheit ausgelegt. Manche hegten sogar die auf keine Weise von mir veranlaßte Idee, von meinen Reisen Resultate erwarten zu dürfen …«[21]

Kein Zweifel, Rüppell wollte sein eigener Herr sein. Seinen Erfolg ließ er sich gerne bestätigen, aber dass man nun Erwartungen daran knüpfte, ging ihm zu weit. Die Begeisterung der Frankfurter kühlte nach derartigen Zurückweisungen deutlich ab. Auch Rüppells Angewohnheit, bei Abendgesellschaften Details der verschiedenen Krankheiten, die ihn in Afrika befallen hatten, zum Besten zu geben,[22] führte dazu, dass er immer seltener eingeladen wurde und wieder mehr Zeit für die Aufarbeitung seiner gesammelten Präparate und die Herausgabe seiner Reiseberichte hatte.

Eine zweite Reise führte Rüppell von 1831 bis 1834 in die Gegend des heutigen Äthiopiens. Ein Höhepunkt dieser Expedition, wenn nicht sogar seines ganzen Lebens, war der Empfang beim Kaiser von Abessinien. Eskortiert von zwanzig Soldaten, begleitet von den örtlichen Honoratioren und gefolgt von seiner beeindruckenden Dienerschar, zog Rüppell im Oktober 1832 in der abessinischen Hauptstadt Gondar ein. Berichten zufolge war er dabei in einen Scharlachmantel gehüllt und schwebte einen Fußbreit über dem Boden.

Auch von dieser Reise brachte Rüppell unzählige Präparate mit, unter anderem von den bis dahin unbekannten Nacktmullen. Bei dieser Spezies handelt es sich um ein in Ostafrika beheimatetes haarloses Nagetier, das in Höhlen lebt. Am ehesten ähnelt es einem männlichen Fortpflanzungsorgan, mit Beinen und überdimensionalen Nagezähnen. Nach anfänglichen Bedenken wurden ausgestopfte

Nacktmulle auch im Senckenbergmuseum ausgestellt. Nachdem sich jedoch die hysterischen Anfälle verstörter Besucherinnen in der Nagetierabteilung häuften, wurden die Präparate bald wieder entfernt. Rüppells zoologischer Reputation taten diese Vorfälle jedoch keinen Abbruch. Insgesamt sind fünf Tiergattungen und 79 Tier- und Pflanzenarten nach ihm benannt, unter anderem ein Mohrenkopfpapagei, eine breitnasige Fledermaus, der Rüppell-Fuchs sowie ein afrikanisches Gänseblümchen.

Um 1850 hatte Rüppells Ruhm seinen Höhepunkt erreicht: Er war eine international anerkannte Koryphäe in der Zoologie, der Mineralogie, der Paläografie und der Geografie, und hatte zudem Beiträge zur Ethnologie und den Sprachwissenschaften geleistet. Die Royal Geographic Society hatte ihn mit der Goldenen Medaille, die Universität Gießen mit der Ehrendoktorwürde ausgezeichnet und er war zum stellvertretenden Direktor des Senckenbergmuseums ernannt worden.

Und dennoch war er unzufrieden. Man ließ ihn nicht, wie er wollte, man setzte sich über seine Wünsche hinweg. Immer wieder sah er sich in der einen oder anderen Abhängigkeit. Ein alter Streit über die Veröffentlichung von Forschungsergebnissen wurde wieder ausgegraben und vehement fortgesetzt. Schließlich überwarf er sich mit der Senckenberg-Gesellschaft, trat als stellvertretender Direktor zurück, wandte sich von den Naturwissenschaften ab – und widmete sich fortan der Numismatik. Schon seit 1835 war er Vorsteher der städtischen Münzsammlung, die unbeachtet in der Stadtbibliothek herumlag. Auf diese richtete er nun seine gesamte Energie, sehr zum Schrecken der anderen Mitarbeiter der Stadtbibliothek. Noch bis kurz vor seinem Tod im Jahr 1884 hielt er sich fast täglich in der Münzsammlung auf, die er katalogisierte, hegte, pflegte, polierte – wobei er immer mehr vereinsamte.

1866 geschah das Undenkbare: Die Freie Stadt Frankfurt wurde von preußischen Truppen besetzt. Rüppell empfand das als Affront, teils aus politischen Gründen, vor allem aber weil er sich als freier Bürger einer freien Stadt davon persönlich getroffen fühlte. Tief gekränkt verschenkte er seine Bibliothek und seine Gemäldesammlung an die Stadtbibliothek und das Städel und zog sich in die Schweiz zurück. Auf seine Visitenkarte ließ er die bitteren Worte drucken: »In Folge der gesetzlosen Unterjochung Frankfurts freiwillig aus seiner Geburts-Stadt ausgewandert und nun als freier Schweizer Bürger in Zürich wohnhaft.« Allerdings kehrte er bereits nach wenigen Wochen wieder zurück, angeblich, weil in dem Haus, das er in Zürich bewohnte, die Cholera ausgebrochen war. Tatsächlich hatte er jedoch feststellen müssen, dass in Zürich niemand gewillt war, sein barsches Auftreten widerspruchslos hinzunehmen.

In Frankfurt dagegen ließ man ihn gewähren, weil man es gewohnt war. Zwar war Frankfurt keine freie Stadt mehr, aber ein freier Bürger konnte er dennoch sein. Immerhin hatte er der Stadt mehr ausgestopfte Tiere geschenkt, als man sinnvollerweise in einem Museum ausstellen kann.

[14] Eduard Rüppell: Reise in Nubien, Kordofan und dem peträischen Arabien vorzüglich in geographisch-statistischer Hinsicht. Frankfurt 1829, S. 1.

[15] Ebd., S. 1.

[16] Ebd., S. 56.

[17] Ebd., S. 109.

[18] Ebd., S. 41.

[19] Ebd., S. 43.

[20] Ebd., S. 59.

[21] Ebd., S. 4f.

[22] Noch heute kann es hoffnungsvollen Doktoranden passieren, dass sie im Restaurant des Senckenbergmuseums einem greisen Professor lauschen müssen, der mit blumigen Formulierungen die Symptome der Billharziose beschreibt (die üblicherweise mit blutigem Durchfall einhergeht), während ein mitleidiger Wirt die Tomatensuppe aufträgt.

Buffalo Bill im Palmengarten

Ernst war aufgeregt. Natürlich war er aufgeregt, er war 14, fast 15 genau genommen, und stand vor der wichtigsten Entscheidung seines Lebens. Während er seine wertvollsten Schätze auf dem Bett ausbreitete, bemerkte er, dass er eigentlich gar keine Entscheidung mehr zu treffen brauchte. Er hatte gar keine andere Wahl. Morgen früh würde er von zu Hause weglaufen.

BUFFALO BILL WAR IN DER STADT.

Ernst betrachtete misstrauisch seinen Besitz: die Hefte mit den Erzählungen von Karl May, die Halskette des Bärentöters, den Kopfschmuck von Apanatschka, dem Häuptling der Komantschen, und den Goldenen Dolch des Todes. Aber es gab keinen Zweifel, der Lack war ab. Als Zehnjähriger hatte er sich vom Schein der Dinge noch blenden lassen, doch nun begann die Illusion zu verblassen, und seine Schätze verwandelten sich zusehends in das, was sie tatsächlich waren: eine Kette aus Schweinezähnen, die ihm der Metzger Prohaska geschenkt hatte, ein Streifen Stoff, geschmückt mit einigen sehr unpassenden Federn aus der Boa seiner Schwester, und der Brieföffner aus Messing, den sein Vater seit Langem vermisste. Nur die Karl-May-Geschichten waren natürlich über jeden Zweifel erhaben. Aber das war nun auch egal.

BUFFALO BILL WAR IN DER STADT.

Ernst lebte noch nicht lange in Frankfurt, erst im vorigen Jahr, 1889, war er mit seiner Mutter und seiner Schwester Gabriele aus Wien gekommen, da Gabriele ein Engagement an der Frankfurter Oper bekommen hatte. Ernsts Vater, der mit Porzellan handelte, war in Wien geblieben. Wie alle Zugereisten hatte Ernst es nicht leicht in Frankfurt, alle sprachen diesen unverständlichen, verwaschenen Dialekt und weigerten sich, ihn zu verstehen. Dabei sprach er doch ein deutliches Wienerisch. Und dann dieses Essen, das eingesalzene Fleisch und dieser stinkende Käse, der mit Essig und Öl begossen wurde. Schauderhaft.

Seine Mutter hatte bestimmt, dass Ernst etwas Sinnvolles lernen sollte, und entschieden, aus welchen Gründen war ihm noch immer rätselhaft, dass er Kunstgärtner werden sollte.

Kunstgärtner. Wer brauchte das?

Aber seine Mutter war auch viel zu sehr mit Gabrieles Karriere beschäftigt, auch mit ihren Kleidern und Schuhen und Hüten und Taschen, als dass sie eingehender über Ernsts Zukunft hätte nachdenken können. Hauptsache, der Junge war an der frischen Luft und dachte nicht zuviel an Indianer. Nun aber stellte sich seine Lehrstelle als Kunstgärtner am Frankfurter Palmengarten als wahrer Glücksfall heraus. Denn Buffalo Bill war in der Stadt, und wo gastierte er für mehrere Tage? Eben, genau, im Palmengarten.

William F. Cody war unter dem Namen Buffalo Bill in den Vereinigten Staaten als Büffeljäger und Kundschafter für die US-Armee bekannt geworden, vor allem aber durch Groschenhefte und durch Theaterstücke, in denen er sich selbst spielte. Seit 1883 tourte er mit seiner Wild-West-Show durch die USA und seit 1889 auch durch Europa. Nun gastierte er – in den Zeitungen angekündigt als »Büffel-Wilhelm« – in Frankfurt. Mit zweihundert Indianern, Cowboys, Lassowerfern, mexikanischen Vaqueros, Pferden und den letzten Büffeln, die Herr Cody in seiner Zeit als Büffeljäger verschont hatte. Die Wild-West-Show stellte vor bis zu 8.000 Zuschauern pro Vorstellung den Wilden Westen dar, wie der Europäer ihn sich vorstellte: Blutrünstige Indianer überfallen eine Wagenburg. Die letzten Büffel werden abgeknallt. Heldenhafte Siedler rächen sich an den Indianern. Die Indianer rauben unschuldige Frauen. Die allerletzten Büffel werden abgeknallt. Indianer werden mit Lassos eingefangen. Kurz, es wurde in Frankfurt geritten und geschossen, wie man es bislang noch nicht erlebt hatte. Die Stadt war völlig aus dem Häuschen.

Ernsts Aufgabe bestand darin, die Pflanzen davor zu bewahren, von der enthusiastischen Menge niedergetrampelt zu werden. Allerdings hatten Pflanzen für Ernst keine hohe Priorität, ebenso wenig wie für die Schar neun- bis sechzehnjähriger Jungen, die mit großen Augen und feuchten Händen vor dem Zaun des Palmengartens standen und sich den Eintrittspreis von mindestens einer Mark nicht leisten konnten. Ernst war immer noch erstaunt darüber, wie viele Neun- bis Sechzehnjährige es in Frankfurt gab, und was sie herzugeben bereit waren, um einen Blick auf echte Indianer werfen zu können. Murmeln, Blechautos, auch überraschend viele Ketten aus Schweinezähnen und Stoffstreifen mit Hühnerfedern daran. Einer hatte sogar ein hässliches, ausgestopftes Tier dabei, das aussah wie eine bleiche Rindswurst auf Beinen, mit hässlichen Nagezähnen vorne dran. Ein prima Ding, wenn man seine Schwester erschrecken wollte. Der Junge behauptete, es sei ein Biber aus dem Senckenbergmuseum, aber niemand glaubte ihm.

Ernst fragte sich, ob seine Mutter ihn vermissen würde. Seine Schwester bestimmt nicht. Die würde noch nicht einmal bemerken, dass er weg war, da sie den ganzen Tag mit Gesangsübungen beschäftigt war, und wenn sie nicht sang, dann übte sie vor dem Spiegel einen dramatischen Gesichtsausdruck. Ernst hatte sie bei ihrer ersten Premiere gesehen, ihrem Debüt, wie sie sagte. Als sie für den Applaus vor den Vorhang trat, tat sie so, als sei sie ganz verlegen, weil sie so schlecht gesungen habe und nun gleichzeitig erleichtert und dankbar war für den vielen Beifall. Die falsche Schlange. Wenn sie hören würde, dass er weggelaufen war, würde sie wahrscheinlich einen Blumenstrauß an ihren Busen pressen, gequält nach oben gucken und sagen: »Ach, der Arme«. Und dann würde sie wieder singen und ihn vergessen. Die blöde Pute. Ernst stellte sich für einen Augenblick vor, dass der Blumenstrauß, den sie dramatisch an sich drücken würde, ganz schrecklich viele Dornen hätte. Vielleicht wäre es doch eine gute Idee gewesen, das merkwürdig ausgestopfte Tier anzunehmen und unter ihrer Bettdecke zu verstecken. Aber ihr erschrecktes Gekreische würde er nun sowieso nicht mehr hören.

Buffalo Bills Zeit in Frankfurt war fast abgelaufen, schon morgen würde seine Show weiterziehen, und Ernst hatte in den letzten Tagen keine Gelegenheit ausgelassen, sich mit erfreulich echten Indianern, Kunstschützen, Biberjägern und Cowboys anzufreunden und herumzutreiben. Insbesondere die Indianer waren ganz begierig auf etwas, dass sie »Gelbes Wasser« nannten, und Ernst war scharfsinnig genug zu erkennen, dass sie keineswegs einen Bembel voll Apfelwein begehrten, sondern Bier. Bier war für einen fast Fünfzehnjährigen leicht zu beschaffen in einer Zeit, in der es noch kein Gesetz zum Schutz der Jugend in der Öffentlichkeit gab, und für einen Gärtnerlehrling war es ebenso leicht, selbiges in den Palmengarten zu schmuggeln. Ernst hatte schnell viele Freunde unter den Indianern und Cowboys, und es dauerte nicht lange, bis man ihm anbot, bei der Truppe als Pferdejunge anzuheuern. Beziehungsweise einen »job« als »horseboy« bei der »show« anzunehmen, was noch sehr viel aufregender klang. Wie konnte ein fast Fünfzehnjähriger, für den Karl May der Größte war, ein solches Angebot ausschlagen? Eben. Gar nicht. Also würde er morgen früh aufstehen und zur Arbeit gehen wie jeden Morgen, aber dann … Die Buffalo-Bill-Show würde zu ihrer nächsten Station aufbrechen, und Ernst wäre dabei.

In dieser Nacht schlief Ernst nicht und versuchte angestrengt, in die Zukunft zu schauen. Natürlich bestand rein theoretisch die Möglichkeit, dass er seinen Plan erfolgreich in die Tat umsetzen würde. Das setzte aber voraus, dass seine Mutter nicht nach ihm suchen würde – und *die* Wahrscheinlichkeit war eher gering. Nahezu null, wenn man es unvoreingenommen betrachtete. Also würde sie ihn schon in den nächsten Tagen finden, mit nach Hause nehmen, und das einzige Erinnerungsstück an seine Zeit mit Buffalo Bill wäre ein altes Paar Mokassins, das ihm einer der Indianer im letzten

Augenblick noch in die Hand gedrückt hätte. Die Indianer hätten ihm einen indianischen Namen gegeben, der »Eisenarm« bedeutete. Aber er würde nicht aufgeben. Vielleicht würde er zum Zirkus gehen und mit dem dann nach Amerika ziehen. Und wenn er wieder zurückkäme, wäre er ein anerkannter Indianerfachmann, der in Radebeul im Haus von Karl May leben würde.

Wir wissen nicht, ob Ernst Tobis in dieser Nacht im Oktober 1890 tatsächlich sein weiteres Leben vorausahnte. Aber genauso sollte es verlaufen. Seine Mutter griff ihn, allerdings erst nach sechs Wochen, in Straßburg auf und nahm ihn mit zurück nach Frankfurt. Ernst schloss seine Gärtnerlehre ab, wurde dann aber Bodenakrobat und gründete eine Artistengruppe. Später änderte er seinen Namen in Patty Frank und tourte mit dem Zirkus *Barnum & Bailey* durch Amerika. Dort begann er, seine Sammlung indianischer Objekte aufzubauen. In den zwanziger Jahren des 20. Jahrhunderts kehrte er nach Deutschland zurück. Er war pleite und zu alt, um noch als Artist arbeiten zu können. Aber er hatte seine Indianersammlung, die der Grundstock des Karl-May-Museums in Radebeul wurde. Er selbst wurde Leiter des Museums und lebte bis zu seinem Tod 1959 in der *Villa Bärenfett*, dem Blockhaus im Garten des Karl-May-Hauses.

Wir wissen nicht, ob seine Schwester wirklich vor dem Spiegel dramatische Gesichtsausdrücke übte, andererseits war sie tatsächlich Kolloratursopranistin, also liegt der Verdacht sehr nahe.

Bei der Anfertigung dieser Madonnenfigur am Steinernen Haus gab es ein bedauerliches Missverständnis:
Der Auftraggeber Johannes von Melem hatte im Gespräch mit dem Steinmetz, einem alten Frankfurter Handwerker, einfließen lassen, dass die Madonna »so schön wie seine Tochter Ursula« sein solle. Der Handwerker nahm das wörtlich – und das Ergebnis war eine übellaunige, schmallippige Madonna mit spitzem Kinn und breiter Stirn, die zudem dreinschaut, als habe sie dem Jesuskind gerade in die volle Windel gegriffen.
Da die Witze der Frankfurter über die mürrische Madonna – deren Ähnlichkeit mit Ursula nicht zu leugnen war – nicht aufhören wollten, sah sich die Familie Melem gezwungen, eine romantische Geschichte zu verbreiten, der zufolge ein fremder Steinmetz namens Andreas in Liebe zu Ursula entbrannt sei und die Madonna eigenmächtig nach deren Vorbild gestaltet habe, bevor er mit gebrochenem Herzen nach Italien abgereist sei. Ursula, die einen Kölner Kaufmannssohn heiraten sollte, habe geschworen, ohne Andreas für immer ledig zu bleiben.
Diese Geschichte ist zwar unglaubwürdig – zumal Ursula nachweislich zweimal verheiratet war –, aber romantisch, sodass sie heute noch bei jeder Stadtführung erzählt wird.

Ein kurzer, aber bedeutsamer Augenblick im Leben Richard Wagners

Im Jahr 1862 war Richard Wagner, der gefeierte Komponist und steckbrieflich gesuchte Revolutionär, während seines Aufenthalts in Frankfurt für einen kurzen Augenblick verwirrt.

Am Abend des 28. August, er hatte gerade mit Cosima von Bülow, der späteren Hohen Frau von Bayreuth, das Theater verlassen und befand sich auf dem Rückweg zum *Hotel zum Schwan*, sah er in der Biebergasse eine Schubkarre stehen. Plötzlich und unvermittelt – so wie damals im Jahre 1853, als er in La Spezia halb schlafend im Hotel lag und ihm durch schicksalhafte Fügung das Rheingoldmotiv eingegeben wurde – hatte er das Bedürfnis, im »ausgelassenen Übermute«[23] eine Albernheit, wenn nicht sogar Torheit zu begehen. Wie von Wotans Blitz getroffen, blieb er stehen und verspürte den Wunsch, einmal das von tiefem und feierlichem Ernst getragene Wähnen und Wollen, das ihn selbst auf den Dresdner Barrikaden und während seiner leidenschaftlichen Zürcher Affäre mit Frau Wesendonk nicht verlassen hatte, beiseitezuschieben und einer ebenso spontanen wie irrsinnigen Idee zu folgen: nämlich jetzt und hier in dieser Schubkarre Cosima – deren derzeitiger Ehegatte auf dem Fuße folgte – eigenhändig durch die nächtlichen Straßen von Frankfurt zu kutschieren. Bei der Vorstellung, die Tochter von Franz Liszt und der Gräfin d'Agoult – jauchzend und mit wehendem Haar – durch die laue Sommernacht zu karren, allen Konventionen zum Trotz (zum Teufel auch mit ihrem Ehemann!), wurde ihm für einen Moment ganz warm und wirr, zumal Cosima seinem »tollen Vorhaben«[24] erfreut zustimmte und sich, zu allem bereit, schon dem Karren näherte.

Doch dann verließ Wagner der Mut, und er komponierte stattdessen die Meistersinger zu Ende.[25]

[23] Richard Wagner: Mein Leben. München 1963, S. 709.

[24] Ebd., S. 709.

[25] Cosimas damaliger Ehemann Hans von Bülow zeigte sich wenig erfreut über den Vorfall, wie Wagner in seiner Autobiografie später schrieb: »Leider durfte ich nicht annehmen, daß seine Laune auf der Höhe der unsrigen stände, da er sich seiner Frau mit Bedenken darüber äußerte.«

Jakob Knoblauch und Siegfried zum Paradies
Zwei ehrgeizige Frankfurter

Kaiser und Könige waren in Frankfurt grundsätzlich gern gesehene Gäste – wenn man einmal vom schwedischen König Gustav Adolf absieht, der 1630 mitten im Dreißigjährigen Krieg samt seiner Armee in Frankfurt einmarschierte und die lokalen Bestände an Geselchtem und Bier requirierte. Der Frankfurter Stadtrat ließ ihm regelmäßig Mitteilungen zugehen, dass man die Anwesenheit eines so edlen und würdigen Herrn in der Stadt natürlich prinzipiell begrüße, es aber gegebenenfalls und unter Umständen ein kleines bisschen lieber sähe, wenn er noch ein paar Ausflüge in die Umgebung machen und anschließend die Stadt schnellstmöglich verlassen würde. Der König quittierte diese Hinweise stets mit der Feststellung, es sei Krieg und anderen Städten gehe es noch schlechter, man solle also aufhören zu jammern und lieber noch ein paar Fleischbällchen mit Rahmsoße und Preiselbeeren bringen. Erst nachdem der König gestorben war und der Stadtrat eine Schauspieltruppe engagiert hatte, die jammernd und mit allen Anzeichen der Pest geschminkt durch die Straßen humpelte, zogen die Schweden eilig ab. Frankfurt schloss für den Rest des Dreißigjährigen Kriegs seine Tore und erklärte sich für neutral, ließ aber vorsichtshalber im Umkreis der Stadt Schilder anbringen, die vor der Pest warnten und jedem, der von der Zerstörung und Plünderung der Stadt freundlicherweise absah, eine Entschädigung in Gold in Aussicht stellten. Infolge dieser klugen Strategie überstand Frankfurt den Krieg als einzige größere Stadt in Deutschland ohne nennenswerte Beschädigung.

Das Problem mit Königen und Kaisern besteht darin, dass sie gerne im Mittelpunkt stehen und ihre Anwesenheit kein geregeltes Leben zulässt. Außerdem gehen sie selbstverständlich davon aus, dass es einer Stadt zu Freude und Ehre gereichen muss, für sie und ihr Gefolge jeden Tag lecker Speis' und Trank auf den Tisch zu bringen. Aber während sie sich am gebratenen Ochsen laben und fässerweise Wein in ihre edlen Kehlen schütten, hockt der Stadtkämmerer weinend vor der leeren Stadtkasse und kauft sich für den letzten Heller einen Strick. Und das Volk darf sich von Handkäse ernähren und trinkt Melissentee, um die angeschlagenen Nerven zu beruhigen.

So gerne man sich in Frankfurt also in der Gunst des Herrschers sonnte, so ablehnend stand man seinem ständigen Aufenthalt in der Stadt gegenüber.

Leider hatten schon die karolingischen Könige im 9. Jahrhundert innerhalb der Stadtmauern eine Pfalz errichtet. Zentral am Mainufer, nahe bei der Salvatorkirche – dem heutigen Dom – gelegen, war sie nicht nur eine repräsentative Unterkunft für karolingische wie ottonische Herrscher und ihr Gefolge, sondern auch ein ständiges Ärgernis für die Frankfurter, die es lieber gesehen hätten, wenn der Kaiser sich wie andere Besucher auch bescheiden in einem Gasthof einquartiert hätte. Stattdessen residierte er in seiner eigenen Burg mitten in der Stadt, redete in alles rein und erwartete mehrmals am Tag Gebratenes und Gebackenes für sich und seine Entourage.

Kaiserbesuche waren daher für die Stadt trotz der Förderung des Fremdenverkehrs ein Verlustgeschäft, das man sich nicht allzu oft leisten konnte. Es ist also nicht weiter verwunderlich, dass die Pfalz im 11. Jahrhundert unter ominösen Umständen eines Nachts teilweise abbrannte. Wie und wann das geschah, ist unklar und wird nirgendwo erwähnt, da die Stadt mit großem Geschick einen Mantel des Schweigens und der Vertuschung über das Geschehen deckte. Gesichert ist nur, dass der Osttrakt der Königshalle irgendwann zwischen 1015 und 1045 einem Brand zum Opfer gefallen sein muss, da sie in späteren Berichten nur noch als Ruine erwähnt wird. Es fällt nicht schwer, sich vorzustellen, wie ein verzweifelter Stadtkämmerer nachts mit einer Fackel und einem Kanister Lampenöl durch die Gassen schleicht, getrieben von der schrecklichen Gewissheit, dass ein weiterer Besuch des Kaisers die städtischen Finanzen völlig ruinieren würde.

Was auch immer damals geschehen ist, die Kaiser kamen für die nächsten hundert Jahre nur nach Frankfurt, wenn es sich nicht vermeiden ließ, zum Beispiel, wenn sie auf der Durchreise plötzlich krank wurden oder wenn sie dringend Geld brauchten. Unter den Staufern änderte sich das – Konrad III. ließ sich von solchen Kleinigkeiten wie Palästen, die unter ungeklärten Umständen abbrennen, nicht abschrecken und baute Mitte des 12. Jahrhunderts die Pfalzruine zu einer Reichsburg aus. Zum Entsetzen der Stadt stattete er den Saalhof, wie die Burg von nun an genannt wurde, mit einem Burgfried aus, der zu seiner Zeit der höchste Turm im Deutschen Reich gewesen sein soll, und von dem aus man das Geschehen in ganz Frankfurt beobachten konnte. Wenn der Kaiser gerade nicht da war, um in die Hütten und Häuser zu spähen, tat dies der von ihm eingesetzte Reichsschultheiß, der außerdem auch die Steuern eintrieb, die Gerichtsbarkeit ausübte und den auf Eigenständigkeit bedachten Frankfurtern damit gehörig auf die Nerven ging – zumal der Kaiser mit dieser Aufgabe regelmäßig keinen Frankfurter betraute, sondern irgendeinen niedrigen Adeligen aus der Umgebung, der regelrecht darauf brannte, es den arroganten Frankfurtern mal so richtig zu zeigen.

Doch um es mit den Worten eines stadtbekannten Hauslehrers auszudrücken (der in Frankfurt insbesondere durch seine Affäre mit einer Bankiersgattin berühmt wurde): Wo die Gefahr wächst, wächst das Rettende auch! Zum einen ging der Saalhof nach dem Tod des Schultheißen Eberhard von Breuberg in den Besitz seiner beiden Töchter über, die einander nicht ausstehen konnten und deshalb die Burg mittels einer Mauer quer durch den Hof aufteilten. Kein Tag verging ohne Keifereien zwischen den Schwestern: Putzwasser wurde über die Mauer gekippt, mit nassen Feudeln geworfen, mit Gerichtsverfahren wegen übler Nachrede oder Nötigung gedroht, die Grüne Soße der jeweils anderen geschmäht – also das ganze Programm, das man aus jedem Frankfurter Treppenhaus kennt. Zum anderen begann die verwirrende Phase der deutschen Geschichte, in der es zu jedem Kaiser einen Gegenkaiser und zu jedem Papst einen Gegenpapst gab. Entscheidend war, auf wessen Seite man sich schlug.

Frankfurt hatte sich auf die Seite Ludwigs des Bayern gestellt und dem Gegenkönig Friedrich dem Schönen die Tore verschlossen. Das führte zwar dazu, dass der Papst, der den schönen Friedrich unterstützte, die Stadt mit dem Interdikt belegte, was bedeutete, dass keine Glocken geläutet und kein Gottesdienst abgehalten werden durften. Die Trauer darüber hielt sich aber in Grenzen, zumal Ludwig sich langfristig als die richtige Seite erwies und mit Gegenleistungen für die Unterstützung nicht geizte: Frankfurt bekam neben der Frühjahrs- noch die Herbstmesse (und dazu das Versprechen, dass keine andere Stadt mit den Frankfurter Messen konkurrieren dürfe); die Erlaubnis, ein neues Rathaus und eine neue Stadtmauer zu bauen; die Zusicherung, dass die Stadt nicht verpfändet würde, und die Befreiung von Zöllen zu Messezeiten. Der Kaiser bestätigte sogar, dass mit der Bewirtung anlässlich seines Besuches im Jahr 1336 die Steuern für zwei Jahre abgegolten seien – und das Wunschkonzert war noch lange nicht beendet.

In dieser Situation betrat ein heute weitgehend vergessener Mann die politische Bühne, der jedoch wie kaum ein anderer vor oder nach ihm das geschäftliche und politische Verständnis Frankfurts prägen sollte: Jakob Knoblauch. Die Knoblauchs – die sich lieber mit ihrem lateinischen Namen Alleum bezeichneten, was weniger anrüchig und gewöhnlich klang – gehörten zu den ältesten und reichsten Frankfurter Patriziergeschlechtern. Damit waren sie in Frankfurt ungefähr so beliebt wie heute der Vorstand der Deutschen Bank. Das Familienwappen schmückten passenderweise drei Knoblauchknollen.

Jakob Knoblauch erkannte, dass es letztendlich nur ein Mittel gab, um politischen Einfluss zu nehmen: Geld. Wenn man es ganz genau nimmt, gab es noch ein zweites Mittel, nämlich Gold, aber das lief auf das Gleiche hinaus. Am wirksamsten waren Geld und Gold, wenn man sie dem Kaiser lieh, der seine Schulden natürlich nie zurückzahlen konnte und daher einen anderen Gegenwert bieten musste. Auf diese Art und Weise hatte Jakob bei Verhandlungen mit Ludwig dem Bayern viele der Vergünstigungen für die Stadt erwirkt. Aber sein Ehrgeiz galt nicht nur dem Wohlergehen der Stadt Frankfurt, auch für sich selbst hatte er ambitionierte Pläne.

Mittlerweile hatte der Streit der Breuberg-Schwestern im Saalhof seinen Höhepunkt erreicht. Zur gegenseitigen Abneigung waren finanzielle Probleme gekommen, die Prozesskosten hatten offenbar alle Einnahmen und Vermögen verschlungen, und die beiden streitbaren Damen konnten sich den aufwendigen Unterhalt ihrer geteilten Immobilie nicht mehr leisten. Der Kaiser war ebenfalls klamm und außerstande, die Mittel für die Rücknahme des Saalhofs aufzubringen. In dieser Situation boten Knoblauch und seine Frau Drude, denen der Kaiser praktischerweise 4.000 Pfund Heller schuldete, die Übernahme des Saalhofs an. Das Dorf Oberrad und das Schultheißenamt für Knoblauch gab es als Dreingabe mit dazu. Mit Oberrad konnte er nichts anfangen und verkaufte es weiter. Wichtig waren ihm das Schultheißenamt, das ihm die Kontrolle über die Stadt ermöglichte, und der Saalhof, den er zu einem einträglichen Kaufhaus für niederländische Stoffe umbauen ließ.

Dem Rat der Stadt wurde der Ehrgeiz ihres Patriziers allmählich unheimlich, zumal auch sein Schwiegersohn Siegfried zum Paradies ähnliche Ambitionen erkennen ließ und von Jakob Knoblauch das Schultheißenamt übernahm.

Doch zunächst brauchte man Knoblauch und seinen Schwiegersohn noch. Unpraktischerweise war Ludwig der Bayer 1347 gestorben, und als Nachfolger waren Karl IV. und als Gegenkönig Gunter von Schwarzburg gewählt worden. Doch diesmal hatte Frankfurt auf den Falschen gesetzt und Gunter gehuldigt, der unglücklicherweise in der Schlacht von Eltville von Karl geschlagen wurde und nach Frankfurt flüchtete. Die Stadt sah sich in der peinlichen Situation, einen gescheiterten König in ihren Mauern zu beherbergen, und es gab nur einen, der das Problem lösen konnte: Jakob Knoblauch. Man weiß nicht, wie Knoblauch es anstellte, aber Gunter von Schwarzburg starb praktischerweise wenige Tage nach seiner Ankunft – allem Anschein nach an der Pest, Gerüchten zufolge aber an einer Vergiftung. Knoblauch regelte auch das Notwendige mit Kaiser Karl IV., der dringend Geld brauchte – Frankfurt gewährte ein großzügiges Darlehen von 15.200 Pfund Heller. Dafür verzieh der Kaiser Frankfurt die Anhänglichkeit an Gunter von Schwarzburg – und auch alles andere, was Bürger der Stadt in letzter Zeit so angestellt haben mochten. Aufgehoben wurde auch eine nicht näher bezeichnete Klage gegen Jakob Knoblauch. 1356 legte der Kaiser dann in der Goldenen Bulle Frankfurt als Wahl- und Krönungsort der deutschen Könige fest, womit die Grundlage für den Aufstieg und die Selbstständigkeit der Stadt gelegt war.

Aus dieser peinlichen Situation war die Stadt also mit Gewinn herausgekommen – und fest entschlossen, sich nun auch noch vom ungeliebten Schultheißen zu befreien. Dabei verfolgte sie die gleiche Taktik wie zuvor Jakob Knoblauch: Der Kaiser brauchte immer wieder Geld, zum Beispiel, um den Kurfürsten jeweils eine Tonne Gold versprechen zu können, sollten sie seinen Sohn Wenzel zu seinem Nachfolger wählen. Die Stadt war gerne bereit, hier auszuhelfen, und erhielt dafür vom Kaiser die Erlaubnis, das Schultheißenamt, das Gericht und dazu noch den Stadtwald für vergleichsweise billige 8.800 Gulden zu kaufen. Damit war Frankfurt endgültig als Freie Reichsstadt selbstständig.

Auch Siegfried zum Paradies, der letzte Schultheiß, ging nicht ganz leer aus: Der Kaiser versprach ihm und seinen

Nachkommen die Pferde, die die deutschen Könige auf dem Weg zu ihrer Wahl ritten. Zudem hatte er das zweifelhafte Vergnügen, den Kaiser bei dessen Besuchen in Frankfurt bewirten zu dürfen – zu Lasten seiner Privatschatulle natürlich.

Die Stadt Frankfurt lehnte es auch in den folgenden Jahrhunderten strikt ab, für die Unterbringungs- und Verpflegungskosten durchreisender Staatsoberhäupter aufzukommen. Das bekam auch Kaiser Wilhelm II. zu spüren, der 1896 zum fünfundzwanzigsten Jahrestag des Frankfurter Friedens in die Stadt kam und mehrere Tage feudal im *Hotel zum Schwan* residierte, in dem 1871 der Friedensvertrag zwischen Frankreich und dem Deutschen Reich unterschrieben worden war. Die immense Rechnung, die das Hotel zu stellen sich erdreistete, wurde von der Stadt unverzüglich nach Berlin weitergeleitet, worüber der Kaiser wenig erfreut gewesen sein soll.

Schlecht gelaunt auf dem Weg ins Land der unbegrenzten Möglichkeiten

Am 6. Juli 1683 verließ die Galeone *Concord* den Hafen von Rotterdam Richtung Amerika. An Bord befanden sich die ersten Deutschen, die ihre Koffer gepackt hatten, um den neuen Kontinent zu besiedeln, weshalb die *Concord* auch »die deutsche *Mayflower*« genannt wird. Die Überfahrt dauerte 74 Tage und verlief überaus glücklich: 57 Passagiere fuhren los, ein achtundfünfzigster gesellte sich als Folge familienplanerischen Geschicks auf dem Atlantik dazu. Die Auswanderer gründeten die Stadt Germantown, heute ein Stadtteil von Philadelphia, und ihre Nachkommen zehren noch nach vielen Generationen vom Prestige, von den ersten deutschen Siedlern auf dem amerikanischen Kontinent abzustammen.

Frankfurter waren nicht dabei.

Diese Tatsache wäre eigentlich nicht der Erwähnung wert, da der Frankfurter Abenteuern wie Auswanderung, Siedlungsgründungen oder Atlantiküberquerungen generell misstrauisch, wenn nicht sogar ablehnend gegenübersteht, da sie unweigerlich mit dem Verlassen seiner Heimatstadt und anderen Unbequemlichkeiten einhergehen. In diesem Fall aber waren die meisten Plätze auf der *Concord* eigentlich für Frankfurter reserviert gewesen. Frankfurter, die zu allem entschlossen waren und selbst harte Arbeit nicht scheuten. Frankfurter, die den grauenhaftesten Gefahren furchtlos ins Auge geblickt hätten. Frankfurter, die man genauer betrachten muss.

Um die Mitte des 17. Jahrhunderts war die Welt eine andere als noch hundert Jahre zuvor. Dass sich im Verlauf eines Jahrhunderts vieles ändert, ist wenig überraschend, aber der Frankfurter reagiert auch auf kleine Veränderungen allergisch: Wenn das Bier teurer oder die Fleischwurst kleiner wird, schlägt ihm das auf den Magen. Selbst der Wechsel der Jahreszeiten bereitet ihm Lebensverdruss. Im 17. Jahrhundert war zudem der Dreißigjährige Krieg samt Schweden und Pest über Europa gezogen. Das hatten auch die Frankfurter zu spüren bekommen, auch wenn die Stadt selbst weitgehend unversehrt geblieben war: Die Wirtschaft im Deutschen Reich jedoch war zusammengebrochen, Vertriebene irrten durchs Land und berichteten von Mord, Brandschatzung und dem Verlust jeder Moral. Die Veränderungen, die die Frankfurter zu verarbeiten hatten, waren also gravierender als eine Bierpreiserhöhung. Die meisten gingen auf die übliche Art und Weise mit dem Wandel um – dabei spielten Bier, gelegentliche Ausflüge nach Bornheim und Sätze wie »Früher war alles besser« eine entscheidende Rolle. Aber es gab auch Mitbürger, die Bier, Fleischwurst und Gejammer abschworen und sich angesichts des überstandenen Schreckens einem frommen und gottesfürchtigen Leben widmeten.

Frankfurt war damals protestantisch, und der Vorsitzende der Lutherischen Landeskirche von Frankfurt, Philipp Jacob Spener, war einer der Vorreiter des Pietismus.[26] »Pietismus« wurde in Frankfurt, wie Spener selbst bemerkte, mit »Frömmelei« übersetzt. In der Praxis bedeutete Pietismus Fleiß, Kleidung, die jedes Körperteil verdeckte, das irgendwie auf Interesse stoßen konnte, und Verzicht auf alles, was mit Spaß zu tun hat. Den weniger sittsamen Bürgern Frankfurts blieb nur ein wenig Vergnügen hinter zugezogenen Gardinen.

Es war, kurz gesagt, eine furchtbare Zeit.

Aber einigen Frankfurtern war auch diese strenge Auslegung des protestantischen Christentums noch nicht radikal genug. Im Saalhof versammelte sich nach 1676 eine Gruppe besonders strenger und leidenschaftlicher Pietisten unter der Leitung eines gewissen Johann Jacob Schütz, der bereits durch eine Erbauungsschrift mit dem griffigen Titel *Christliches Gedenkbüchlein zur Beförderung eines anfangenden neuen Lebens, worin zur Ablegung der Sünde, Erleuchtung des inneren Menschen und der Vereinigung mit Gott in möglichster Kürze und*

Einfalt die erste Anregung geschieht herzlich wenig Aufmerksamkeit in der Stadt erregt hatte.

Schütz war Anwalt, kam aber zu der Überzeugung, dass er mit diesem Beruf kein sündenfreies Leben führen konnte. Da hatte er wohl Recht – und widmete fortan seine Energie und sein nicht unbeträchtliches Vermögen den Saalhof-Pietisten. Mittelpunkt der Gruppe war jedoch zweifellos Johanna Eleonora von Merlau, ein adliges Fräulein, dessen ebenso regelmäßige wie detailreiche religiöse Visionen bei ihren Freunden auf entzücktes Interesse stießen. Zu ihrer Beliebtheit bei den männlichen Mitgliedern des Kreises trugen auch gewisse körperliche Vorzüge bei, sowie die Tatsache, dass sie während ihrer Visionen hingebungsvoll keuchte.

Die anderen Frankfurter betrachteten die Saalhof-Pietisten mit Misstrauen und Argwohn. Wer Bier verachtet und seine Zeit ausschließlich mit Beten und frommen Taten verbringt, muss damit rechnen, bei seinen Mitmenschen Antipathien hervorzurufen. Auch die Stadtregierung reagierte verstimmt, da sie ihre landeskirchliche Autorität bedroht sah. Schütz und seine radikal-pietistische Gruppe fühlten sich in Frankfurt zunehmend unter Druck gesetzt.

1677 kam der Quäker William Penn, der Gründer von Pennsylvania, nach Frankfurt und predigte über religiöse Toleranz, politische Liberalität, züchtige Kleidung, ein gottesfürchtiges Leben – und wie man all das in Amerika umsetzen konnte, ohne an jeder Straßenecke als sturköpfiger Betbruder verspottet zu werden. In den nächsten Jahren reifte die Saat, die Penn gestreut hatte, und 1681 gründeten die Saalhof-Pietisten die *Frankfurt-Land-Compagnie.*

Dabei ging es nicht, wie es in Frankfurt zu erwarten gewesen wäre, um einen unverbindlichen Stammtisch derer, die schon einmal über Auswanderung nachgedacht oder im Zorn gedroht hatten, irgendwann wegzugehen, dann würden die anderen schon sehen, wo sie blieben. Nein, die Mitglieder der Compagnie meinten es ernst: Sie kauften 10.000 Hektar Land in Pennsylvania, charterten ein Schiff, die erwähnte *Concord*, und waren fest entschlossen, in Amerika ein neues, gottgefälliges und frommes Leben zu führen.

Doch je näher der Abreisetermin kam, desto mehr rückten die unangenehmen Begleiterscheinungen einer Auswanderung in den Vordergrund. Man musste Koffer packen und sich von seinen sperrigeren Besitztümern trennen. Eine mehrwöchige Seereise in ein von Wilden bevölkertes Land war zu überstehen. Anschließend musste Land urbar gemacht und eine Ernte erzeugt werden. Dinge, die man in Frankfurt bequem beim Krämer um die Ecke kaufen konnte, würde man selbst herstellen müssen, in vielen Fällen in direktem Kontakt mit lebenden und toten Tieren. Die Nachbarn, über die man sich all die Jahre beschwert und beklagt hatte, würden zurückbleiben und ihr liederliches Leben weiterführen. Die Stadt strahlte plötzlich in einem ganz anderen Licht, und der Gedanke drängte sich auf, dass man den vertrauten Anblick des Domturms im Sonnenuntergang bald nicht mehr würde genießen können. Nie mehr wieder, genau genommen, denn Rückfahrkarten waren nicht vorgesehen.

Und war es wirklich klug, alle Lebensoptionen von vornherein auszuschließen? Was wäre, wenn man sich – was Gott verhindern möge – eines Tages zu einem weniger frommen Leben entschließen würde? Woher bezöge man sein tägliches Bier?

Schließlich gab der erste Auswanderer bekannt, er werde zu seinem Leidwesen nicht reisen können, sein Arzt habe ihm dringend abgeraten. Wegen anhaltendem Schwindel und Husten. Andere mussten sich plötzlich um eminent wichtige Geschäfte oder Familienangelegenheiten kümmern, oder sahen sich – nach reiflicher Überlegung natürlich – außerstande, ihre Heimatstadt kampflos dem sittlichen Verfall zu überlassen. Nachdem der heilige Bartholomäus in einer Vision Fräulein von Merlau dringend davor gewarnt hatte, ihr eigenes Seelenheil gar zu egoistisch über das Wohl ihrer Mitmenschen zu stellen, sagte auch sie die Reise ab. In der Folge nahmen auch mehrere alleinstehende Herren Abstand von der Auswanderung. Die vorgebrachten Gründe waren vielfältig, alle bedauerten sehr, waren selbstverständlich nur Opfer widriger Umstände und betonten, dass sie unter günstigeren Bedingungen selbstverständlich ohne Zögern die Reise angetreten hätten. Aber so … Vielleicht im nächsten Jahr.

Letztendlich fuhr keiner nach Amerika, jedenfalls kein Frankfurter. Das erworbene Land und die Schiffspassagen überließen die Mitglieder der Compagnie – selbstredend mit einem angemessenen Aufschlag – anderen Auswanderern, vor allem mennonitischen Familien aus Krefeld. Diese waren die Vorfahren der heutigen Amish People in Pennsylvania, sodass die Frankfurter die einmalige Chance verpasst hatten, zu einer amerikanischen Touristenattraktion zu avancieren, die heute zweifellos für Spezialitäten wie Deep Fried Hand Cheese, Alcohol Free Apple Wine und einmalig schlechte Laune in aller Welt bekannt wäre.

[26] Nebenbei war er auch der Begründer der wissenschaftlichen Wappenkunde.

Die ungehaltene Rede eines ungehaltenen Stadtoberhaupts

Im Mai 1949 hatte Frankfurt es fast geschafft. Für einen kurzen Augenblick sah es so aus, als würde ein seit Jahrhunderten anhaltendes Trauma endlich zu Ende gehen. Der Oberbürgermeister Walter Kolb verkündete in einer Radioansprache, dass Frankfurt sich künftig Bundeshauptstadt nennen dürfe. Glücklicherweise kam alles anders.

Expansive Bestrebungen waren dem Frankfurter schon immer fremd. Während andere Städte und Staaten ihren Daseinszweck darin sehen, Armeen aufzustellen, um andere Staaten und Städte zu erobern und Weltreiche zu beherrschen, blieben die Frankfurter gerne unter sich. Die Weltherrschaft bedeutete ihnen nichts, ist sie doch schon immer verbunden gewesen mit Auslandsreisen und anderen Anstrengungen. So vielversprechend die Aussicht auf Ruhm und Ehre, Reichtum und Macht auch sein mag – der Frankfurter hat erkannt, dass es schon schwierig genug ist, die eigenen Angelegenheiten unter Kontrolle zu behalten. Manch einer verzweifelt ja schon an den eigenen Finanzen oder an der Herrschaft über seine Putzfrau. Die Weltherrschaft überlässt man also gerne anderen, solange diese nur Frankfurt in Ruhe lassen.

Man könnte nun annehmen, dass der Frankfurter seit Jahrhunderten selbstgenügsam bei Bier und Rindswurst ausgeharrt und es sich gemütlich in seiner kleinen Nische am Main eingerichtet hat. Allerdings gibt es einen kommunalen Ehrgeiz, der sich seit Jahrhunderten durch die Frankfurter Stadtgeschichte zieht: Immer wollte man Hauptstadt sein, aber immer ging etwas schief: Entweder hatte das Staatsgebilde, dem Frankfurt gerade angehörte, gar keine Hauptstadt, oder Frankfurt war gerade wieder einmal selbstständig – also Hauptstadt eines Staates, zu dem neben dem Stadtgebiet allenfalls noch ein paar schlammige Schafswiesen im Taunus und ein düsterer Wald rund um die Oberschweinstiege gehörten.

Der Anspruch Frankfurts, Hauptstadt von oder für irgendwas zu sein, reicht weit zurück, bis ins 8. Jahrhundert. Für das Jahr 794 lud Karl der Große zu einer Synode »in loco celebri, qui dicitur Franconofurd« – »in den bekannten Ort, der Frankfurt genannt wird«. Die Formulierung weist allerdings eher darauf hin, dass der Ort zu dieser Zeit weitgehend unbekannt war, der Kaiser allerdings gegenüber dem Bischof von Toledo, an den die Einladung gerichtet war, schlecht zugeben konnte, dass er seine Synode in einem verschlafenen Nest in den Mainsümpfen abzuhalten gedachte. Die Frankfurter nahmen die Chance jedenfalls dankbar an und zeigten den Reichen und Mächtigen des Reiches, was eine Dienstleistungsmetropole ist. In den nächsten Jahrhunderten lagen dann auch die Stadtväter jedem Kaiser, der sich der Stadt auf Rufweite näherte, mit der Frage in den Ohren, wann man denn mal wieder eine Synode abhalten könnte. Oder einen Reichstag. Oder auch nur ein Turnfest. Mit dem Vertrag von Verdun, mit dem das Reich Karls des Großen 843 unter seinen Enkeln aufgeteilt wurde, erhielt Frankfurt den Titel »Principalis sedes regni orientalis« und wurde damit quasi Hauptstadt des ostfränkischen Reiches. Damit alleine war aber auch nicht viel gewonnen, da Kaiser in dieser Zeit viel unterwegs zu sein pflegten und das ostfränkische Reich auch nicht lange hielt. Aber es war ein Anfang, zumal Frankfurt zum Titel auch endlich befestigte Mauern und einen Palast bekam.

Ein zweiter Glücksfall in der Stadtgeschichte war der Auftritt des Bernhard von Clairvaux im Jahr 1147. Der Zisterziensermönch galt bei seinen Zeitgenossen als fromm und asketisch. In ganz Europa warb er in eindringlichen Predigten für bewaffnete Mönche, Tempelritter, die für Gott zu sterben, aber vorher noch das Heilige Land zu befreien hatten. Heute würde man ihn daher als militant-fundamentalistischen Hassprediger bezeichnen und ihn auf eine Liste setzen, auf der Leute stehen, die man nicht in Flugzeugen reisen lassen möchte. Seine zeitgenössischen Mitmenschen jedoch waren begeistert. Zu Ostern 1147 rief er von der Pfalzkapelle – der heutigen Alten Nikolaikirche – in einer aufwühlenden Predigt Kaiser Konrad III. zur Teilnahme am Zweiten Kreuzzug auf. Die Menge raste vor Verzückung, und als die Rufe »Kreuzzug! Kreuzzug!« gar nicht aufhören wollten, konnte Konrad nicht anders, als einzuwilligen und sein Pferd für den Aufbruch nach Jersualem satteln zu lassen. Sicherheitshalber ließ er seinen erst zehnjährigen Sohn an Ort und Stelle zu seinem Nachfolger wählen. Dieser starb jedoch noch vor seinem Vater, sodass schon fünf Jahre später erneut gewählt werden musste, erfreulicherweise wieder in Frankfurt. Dass der neue Kaiser Friedrich I. Barbarossa hieß, ist auch nicht ganz unwichtig, denn an dem Ort, wo er, der große Kaiser, gewählt worden war, wollten auch seine Nachfolger gewählt werden. 1356 wurde dann in der Goldenen Bulle offiziell festgelegt, wer den deutschen König zu wählen berechtigt war, wie die Wahl abzulaufen habe und vor allem, dass sie im Frankfurter Dom stattfinden müsse.[27]

Damit war Frankfurt zwar noch keine Hauptstadt, aber für ein Reich, in dem es überhaupt keine offizielle Hauptstadt gab, schon ganz weit vorne.

Doch selbst Großreiche sind den Launen der Zeit und ihrer wankelmütigen Schwester, dem Schicksal, ausgesetzt. Kurz gesagt, mit dem Heiligen Römischen Reich Deutscher Nation ging es im 18. Jahrhundert rapide bergab, und 1792 wurde mit Franz II. der letzte Kaiser dieses Reichs gewählt und gekrönt. 14 Jahre später wurde das Reich aufgelöst, und Frankfurt stand alleine da.

Nun war die Stadt zwar als souveräner Staat sozusagen Hauptstadt seiner selbst, aber große Begeisterung mochte darüber zunächst nicht aufkommen. Französische Truppen schauten mit unerfreulicher Regelmäßigkeit vorbei, sorgten durch Kanonenbeschuss für unerwünschte Umgestaltungen des Stadtbildes und ließen sich ihren Abzug dann teuer bezahlen. Dieser Zustand ging auf Dauer arg ins Geld, von der Notwendigkeit des permanenten Wiederaufbaus ganz zu schweigen. Um wenigstens den Beschuss der Stadt zukünftig zu vermeiden, ließ man 1808 kurzerhand die Wallanlagen und Stadtmauern abtragen, sodass marodierende Horden künftig Kontributionen einfordern konnten, ohne dabei größere Zerstörungen anzurichten.[28] Frankfurt war damals zum allgemeinen Missfallen Hauptstadt eines Großherzogtums Frankfurt, zu dem wenig mehr als das Stadtgebiet gehörte und das zudem das Übel eines die Stadt regierenden Großherzogs mit sich brachte. Mit dem Wiener Kongress 1815 beruhigte sich die Situation: Das Großherzogtum Frankfurt wurde in die Rumpelkammer der Geschichte verbannt und dem kollektiven Vergessen anheimgegeben, und die Franzosen kamen nur noch im Rahmen des aufblühenden Fremdenverkehrs in der Stadt vorbei, die nun auch offiziell wieder souverän war. Die Freude darüber war groß, auch wenn Mitbürger, die zu erwähnen wagten, dass man ja nun genau genommen immer noch keine Hauptstadt sei, da ja außerhalb der Stadtmauern nicht viel zum Staatsgebiet gehöre, es riskierten, einen gefüllten Zwölferbembel übergebraten zu bekommen.

1866 war der Spaß dann schon wieder vorbei: Es wurde Nacht, die Preußen kamen und degradierten die Möchtegern-Hauptstadt Frankfurt zu einer popeligen Provinzstadt. Die Frankfurter Knodderigkeit wurde anschließend im gesamten Preußenreich bekannt. Die Stadt erhielt einen schicken neuen Hauptbahnhof, ein prachtvolles Opernhaus, den Palmengarten, ein neues Schauspielhaus, das Zoogesellschaftshaus, den Westhafen, dann erst den einen Osthafen und schließlich noch einen zweiten. Aber nie war es recht, der Frankfurter hörte nicht auf zu jammern und zu nörgeln, denn was er eigentlich wollte, war ein Titel. Hauptstadt, wenn möglich. Oder irgendetwas anderes.

Im Dritten Reich wurde Frankfurt zur »Stadt des Handwerks«. Der Titel klang zwar besser als »Stadt des Kraft-durch-Freude-Wagens« oder »Stadt der Reichsparteitage«, illustrierte aber nur, dass den Nationalsozialisten zu Frankfurt nicht viel einfiel. Die Benennung löste auch allgemein nur Kopfschütteln aus. Natürlich hatte das Handwerk in Frankfurt Tradition, allerdings mehr in Form prunkvoller Zunftveranstaltungen, bei denen beleibte Herren im Rahmen überlieferter Rituale komplizierte Schriftstücke in goldverzierten Truhen verwahrten, um anschließend Wein aus überdimensionierten Pokalen zu trinken und über die Konkurrenz von Manufakturen und Fabriken zu jammern. Kraftvoll mit Werkzeugen auf irgendwelche Dinge einzuwirken – ein Bild, das die Nationalsozialisten zweifellos im Kopf hatten, als sie Frankfurt den Titel verliehen –, war dagegen unter Frankfurter Handwerkern weniger beliebt. »Stadt des völlig überteuerten Handwerks, das zum vereinbarten Termin bestimmt nicht fertig wird und auf vorsichtig vorgetragene Kritik auch noch pampig reagiert« wäre jedenfalls ein sinnvollerer, wenn auch etwas sperriger und wenig beliebter Titel gewesen.

Nach dem Krieg waren plötzlich viele Titel vakant. »Stadt des Kraft-durch-Freude-Wagens« wollte nun keine Kommune mehr sein – aber auch die Hauptstadtfrage war offen, da Berlin aus bekannten Gründen zunächst aus dem Rennen war.

Oberbürgermeister Walter Kolb hatte einen Plan: Zunächst holte er 1948 das Deutsche Turnfest nach Frankfurt, was alle Blicke auf die in Trümmern liegende Mainmetrople richtete und ihr den etwas spröden Titel »Hauptstadt des bundesdeutschen Sports« einbrachte, der aber immerhin die Begriffe »Frankfurt« und »Hauptstadt« im Bewusstsein der jungen Bundesrepublik etwas näher zusammenrücken ließ. Denn darum ging es natürlich: Frankfurt sollte – endlich! – Hauptstadt werden. An der Adickesallee wurden Gebäude für den Bundestag und verschiedene Ministerien errichtet, eine Informationsbroschüre *Wohnraum für die Bundesorgane in Frankfurt* wurde gedruckt und an potenzielle Bundesorgane verschickt, und da alles nach Plan lief, nahm der Oberbürgermeister bereits am Tag vor der Abstimmung im Parlamentarischen Rat über die Hauptstadtfrage eine entsprechende Radioansprache bei Radio Frankfurt auf:

»Liebe deutsche Mitlandsleute, liebe Frankfurter Mitbürger, die Stadt Frankfurt hat die Nachricht, dass sie zur vorläufigen Bundeshauptstadt gewählt wurde, keineswegs mit irgendeinem Gefühl des Triumphes gegenüber anderen deutschen Städten, die ebenfalls zur Wahl standen, aufgenommen. Sie gibt vielmehr ihrer Freude Ausdruck, dass der Parlamentarische Rat in Bonn nach rein praktischen und sachlichen Gesichtspunkten entschieden hat.«[29]

Zur Wahl standen neben Frankfurt und Bonn auch Kassel und Stuttgart, letztere waren jedoch mangels Unterstützung praktisch chancenlos. Die SPD bevorzugte Frankfurt, ebenso die hessische CDU. Der Rest der CDU sowie die CSU waren für Bonn. Damit hätte Frankfurt das Rennen machen müssen – wenn Konrad Adenauer nicht unmittelbar vor der Abstimmung den hessischen CDU-Abgeordneten eine angebliche Meldung der *dpa* vorgelegt hätte, derzufolge der SPD-Vorsitzende Kurt Schumacher sich mächtig darüber gefreut habe, dass den Konservativen eine blamable Niederlage bei der Hauptstadtabstimmung drohe. Die hessischen CDU-Abgeordneten schwenkten daraufhin um und stimmten für Bonn, das mit 33 zu 29 Stimmen gewann. Allerdings hatte Kurt Schumacher sich zwar tatsächlich auf eine Niederlage der CDU gefreut, die Pressemeldung wurde jedoch niemals von *dpa* veröffentlicht, was auch gar nicht möglich gewesen wäre, hatten sie doch zwei CDU-nahe Journalisten eigens für Konrad Adenauer angefertig.

Bei der endgültigen Entscheidung im frischgewählten Bundestag wurde am 3. November 1948 ähnlich wie im Parlamentarischen Rat nach »rein praktischen und sachlichen Gesichtspunkten abgestimmt«. Die SPD hatte eine erneute Entscheidung beantragt, bei der jedoch Frankfurt wieder mit 176 zu 200 Stimmen gegen Bonn unterlag. Der *Spiegel* deckte im folgenden Jahr auf, dass im Zusammenhang mit der Abstimmung zwei Millionen Mark den Besitzer gewechselt hatten. Die Korruptionsvorwürfe wurden von einem Untersuchungsausschuss des Bundestages im Prinzip bestätigt, allerdings sei nicht mehr nachzuvollziehen gewesen, wie genau dieser Geldfluss die Abstimmung beeinflusst habe.[30]

Erst später wurde den Frankfurtern klar, dass sie dem Verhängnis gerade noch einmal von der Schippe gesprungen waren. Man stelle sich vor: Bundeshauptstadt Frankfurt. Ganz Frankfurt ist von Politikern bewohnt, mit Ausnahme von Bonames, Goldstein und Nied, wo einige wenige Frankfurter sich die Mieten noch leisten können. Die Apfelweinwirtschaften werden zu Restaurants umgestaltet, in denen vorne Entenzungen an Kaviarrisotto serviert werden, während in den Hinterzimmern die Lobbyisten Gesetzestexte schmieden. Der Verkehr wird tageweise unterbunden, damit internationale Despoten sicher durch die Stadt geleitet werden können. Der Preis für Bier steigt ins Unbezahlbare, Apfelwein und Handkäse werden aus Sicherheitsgründen verboten, Fleischwurst und Leberkäse nur noch in winzigen Portionen als Hessen-Tapas angeboten. Und mittlerweile wäre die Hauptstadt samt Regierung und Restaurants sowieso nach Berlin umgezogen, und Frankfurt nur noch ein Titel geblieben: Hauptstadt des Verbrechens ...

[27] Zum Kaiser wurde der gewählte König dann vom Papst gekrönt – jedenfalls bis zur Mitte des 16. Jahrhunderts. Danach war man als römisch-deutscher König automatisch auch Kaiser. Die Proteste des Papstes gegen diesen Automatismus wurden von den Kaisern geflissentlich überhört.

[28] An ihrer Stelle wurden die Wallanlagen eingerichtet, die durch die sogenannte Wall-Servitut geschützt werden, die ausnahmelos jede Bebauung verbietet, es sei denn, es findet sich ein Investor, der genug Geld zu zahlen bereit ist.

[29] Kein Gefühl des Triumphs. Die nie gesendete Ansprache von Walter Kolb. Hessischer Rundfunk. URL http://www.hr-online.de/website/specials/home/index.jsp?startrubrik=44268. Stand 1. Juli 2010.

[30] Der Spiegel vom 27. September 1950.

Bad Frankfurt

»Frankfurt, die Hauptstadt des Verbrechens.« Ha! Kommissar Motz vom Dezernat für Dies und Jenes schlug auf den Schreibtisch, sodass der Gummibaum am Fenster kurz zusammenzuckte. Dann war es wieder still im kleinen Büro am Ende des Polizeipräsidiums.

Hauptstadt des Verbrechens. Als würde hier stündlich ein Mord geschehen und die Einwohner sich die verbleibende Zeit mit Raub, Entführung und grobem Unfug vertreiben. Jeder gegen jeden. Die Reichen verschanzt hinter hohen Mauern, die Armen aus Verzweiflung zu allem bereit. Und jeder Besucher würde argwöhnisch taxiert, ob er ein potenzieller Konkurrent sei im täglichen Kampf um Geld, Macht, Drogen oder nur ein argloses Opfer, das die Nacht nicht überleben wird. So stellte man sich das vor, in der Provinz, und bekam schon beim Gedanken an einen Besuch in Frankfurt feuchte Hände. Als gäbe es jede Nacht Drive-By-Shootings, oder wie auch immer das heutzutage hieß.

Und all das nur, weil die Metropole am Main seit Jahrzehnten in der deutschen Verbrechensstatistik ganz weit oben stand und fast jedes Jahr vom Innenministerium ganz offiziell zur Hauptstadt des Verbrechens gekürt wurde. Kommissar Motz hatte schon Leute gesehen, die T-Shirts mit dieser Aufschrift trugen. In der friedlichsten aller deutschen Innenstädte.

Natürlich gab es die übliche Wirtschaftskriminalität in Frankfurt, immerhin gab es hier mehr Banken als sonst irgendwo in Deutschland. Aber davon bekamen die Einwohner der Stadt nichts mit, es sei denn, sie hätten ihre letzten Ersparnisse gerade in ein besonders vielversprechend anmutendes Abschreibungsmodell investiert.

Richtige Kapitalverbrechen – so wie man sie sich in Baunatal oder Schwalmtal oder Lahntal für die Hauptstadt des Verbrechens eben vorstellte – gab es selbstverständlich auch, sie waren aber ähnlich selten wie Elefanten im Frankfurter Zoo. So konnten beispielsweise im Morddezernat nur die abgebrühtesten Kollegen eingesetzt werden – die auch mit Wochen und Monaten völliger Ereignislosigkeit umgehen konnten. In phlegmatischer Regungslosigkeit harrten sie in ihren Büros aus, wie ein Aktenschrank oder eine Grünpflanze. Wenn dann aber doch mal ein Mord geschah, stand der Täter in der Regel mit der blutbeschmierten Axt noch neben dem Opfer und bekam den Finger nicht aus der Nase. Ausnahmen gab es nur alle paar Jahre, spektakuläre Fälle wie den Mord an der Nitribitt in den Fünfzigern, über die dann gleich Filme gedreht und Theaterstücke geschrieben wurden.

Aber die tatsächliche Kriminalität in Frankfurt sah ganz anders aus. Das waren jene Fälle, die Tag für Tag über den Schreibtisch von Kommissar Motz vom Dezernat für Dies und Jenes gingen und die Mainmetropole in der Verbrechensstatistik jedes Jahr ganz nach oben katapultierten:

Da gab es den Mann, der, mit einer Häkeldecke maskiert und mit einer Schere bewaffnet, eine Kleingartengaststätte überfiel, aber von der Putzfrau in die Flucht geschlagen wurde. Seine Beute, zwei Flaschen Schnaps, nahmen ihm ein paar Kleingärtner wieder ab, bevor sie ihn laufen ließen.

Ein Rentner zwang, indem er den Fahrer mit einem Ochsenziemer bedrohte, einen Bus der Linie 64 zu einem ungeplanten Abstecher nach Eschersheim.

Ein Fahrradfahrer hatte keine Lust, bei einer Verkehrskontrolle anzuhalten, woraufhin sich zwei Vollstreckungsbeamte durch einen beherzten Sprung ins Gebüsch retten mussten.

Eine 28-Jährige geriet über die Frage, ob vier Flaschen Wodka an der Supermarktkasse zu bezahlen waren, mit dem Ladendetektiv in eine handfeste Auseinandersetzung, bei der unter anderem die Schnapsflaschen zu Bruch gingen.

Ein Unbekannter zündete in der Römerstadt seine Jacke an und hängte sie an der U-Bahn-Station auf, wobei ein Plakat Feuer fing.

Jeder Polizeibericht präsentierte eine endlose Reihe von Papp-, Schnarch- und vor allem Schnapsnasen, die sich gegenseitig an Irrsinn überboten, als gelte es, den Titel Hauptstadt des Verbrechens um jeden Preis zu verteidigen. Und wenn man einen dieser Übeltäter zur Strecke gebracht hatte, wurde er sofort (und allenfalls mit einer eher symbolischen Geldstrafe bedacht, meist aber nur mit einer milden Ermahnung des Gerichts) wieder auf freien Fuß gesetzt, wo er umgehend die nächste sinn- und verstandfreie Schandtat verübte. Dagegen vorzugehen, war eine nie enden wollende Plackerei, an der dieser Sissi… Syphi… dieser Grieche aus der Sage verzweifelt wäre, und wenn Kommissar Motz länger darüber nachdachte, bekam er rote Flecken im Gesicht und sah grelle Blitze zucken.

Und jetzt auch noch das.

Die Wirtin der *Alten Eule*, eine gewisse Frau Kant, hatte ihn gerufen, weil ihr ein Bembel verdächtig vorkam. Der Apfelwein, den sie mit diesem Bembel ausschenke, schmecke nach faulen Eiern und sei vollkommen ungenießbar, hatte sie ihm erzählt. Sonst sei ihr Apfelwein natürlich tadellos, aber aus diesem Bembel könne sie nichts mehr ausschenken, da laufe ihr ja die Kundschaft weg. Der Krug sei auch recht neu, keine hundert Jahre alt, den könne sie nicht einfach wegwerfen, zumal man heute ja kein gescheites Steingut mehr bekomme. Aber das mit dem fauligen Geschmack sei doch merkwürdig. Ihr Mann habe einen Verdacht, aber sie wolle nichts gesagt haben, was ihr als üble Nachrede ausgelegt werden könne. Man kenne ja seine Nachbarn. Denen müsse man alles zutrauen.

Nun stand der in… der inkrimi… der angeschuldigte Bembel vor ihm auf dem Schreibtisch, und Kommissar Motz war kurz davor, wieder Blitze auf der Netzhaut zu sehen.

»Das ist ein Grindbrunnenbembel.«

»Was?«

»Ein Grindbrunnenbembel.« Seine Assistentin stand neben ihm und grinste hämisch. Ein junges Ding. Von der Universität. Kommissar Motz schüttelte den Kopf. Er verstand die jungen Leute nicht. Früher konnte man mit einem robusten Auftreten und etwas gesundem Menschenverstand bei der Polizei Karriere machen, heute musste man Fremdsprachen beherrschen und Psychologie. Das junge Ding hatte jedenfalls Antworten auf Fragen, die er sich noch nicht einmal gestellt hatte.

»Grind… was?«

»…brunnenbembel. Ich habe den Krug von der Kriminaltechnik untersuchen lassen. Die haben bei der massenspekrometrischen Untersuchung Spuren von Schwefelwasserstoff gefunden. Das ist das Zeug, das nach faulen Eiern riecht.« Irrte er sich, oder klang in ihrer Stimme ein Hauch von Überheblichkeit mit?

»Und das hat jemand der *Alten Eule* in den Apfelwein geschüttet?« Kommissar Motz schüttelte den Kopf. Die Schlechtigkeit der Menschen kannte keine Grenzen.

»Eben nicht. Der Schwefelwasserstoff sitzt im Bembel selbst und wird durch den Apfelwein gelöst.« Bevor Kommissar Motz etwas einwerfen konnte – »Hä?« war ihm gerade durch den Kopf gegangen –, redete das junge Ding schon weiter. »Ich habe mal recherchiert.« Natürlich hatte sie das. »Bis in die sechziger Jahre gab es am Westhafen den Grindbrunnen, aus dem ein faulig riechendes und widerlich schmeckendes Wasser kam, das man für gesund hielt. 1878 hat man sogar eine Trinkhalle um den Brunnen herum gebaut und um Kurgäste geworben. Man stellte sich vor, dass russische Großherzöge und preußische Großindustrielle nach Frankfurt zur Kur kommen würden. Es kam natürlich keiner, aber bei den Frankfurtern war das Wasser ziemlich beliebt, nach dem Motto: Was so scheußlich schmeckt, kann nur gesund sein. Aber als man das Wasser schließlich untersuchte, kam heraus, dass es gegen gar nichts hilft, außer gegen Hämorrhoiden.« Das junge Ding kicherte vergnügt in sich hinein.

Kommissar Motz fand nichts Lustiges an Hämorrhoiden und schwieg.

»Die Leute haben das Wasser bembelweise mit nach Hause genommen«, fuhr das junge Ding fort. »Allerdings musste man aufpassen, dass man dafür einen eigenen Bembel benutzt, den man für nichts anderes verwendet. Jedenfalls nichts, was man noch trinken möchte. Wahrscheinlich stand der hier in der *Alten Eule* jahrelang irgendwo herum, und jetzt hat die Wirtin ihn wieder hervorgekramt. Der Apfelwein hat dann den Schwefelwasserstoff ...«

Kommissar Motz hörte nicht mehr zu. Es war zum Verzweifeln. Er sah schon den Polizeibericht vom nächsten Tag. Und die Schlagzeilen in den Zeitungen.

Der Bembel des Grauens!

Und irgendwer würde das auch wieder auf T-Shirts drucken.

Doktor Schopenhauer und die Gastronomie

Isch will ja nix sache.«

Mit diesen Worten stellte mir Frau Kant unsanft mein Bier auf den Tresen der *Alten Eule.*

»Isch will ja nix sache«, sagte sie noch einmal. Damit war klar, dass die Frau von erheblichem Mitteilungsbedürfnis getrieben war. Sie wollte etwas sagen. Unbedingt. Aber aus unerfindlichen Gründen neigt der Frankfurter dazu, erst einmal das Gegenteil von dem zu behaupten, was er eigentlich meint. Oder, im Sinne der Hegelschen Dialektik ausgedrückt, über die Antithese zur eigentlichen These zu gelangen. Aber noch kam sie nicht dazu.

»Entschuldigung, wo bleibt denn unser Bier?«, rief es aus einer Ecke der *Alten Eule.*

»Was dann für e Bier?«, erwiderte Frau Kant vom Tresen zurück in die Ecke.

»Das Bier, das wir vor einer halben Stunde bestellt haben«, kam es mit unüberhörbarem Sarkasmus aus der Ecke zurück.

»Ei, geh doch fodd.« Knoddernd begann Frau Kant Bier zu zapfen. Aber langsam. Frau Kant ist sonst durchaus in der Lage, ein Bier durchzuzapfen, sodass es ohne unnötigen Verzug getrunken werden kann. Vom Sieben-Minuten-Pils-Mythos hält sie erfrischend wenig, aber wenn ihr jemand sarkastisch kommt, dauert ein Bier bei ihr auch schon mal seine sieben Minuten. Oder länger.

»Isch will ja nix gesagt habbe«, hub sie erneut an, während der Schaum auf den halbvollen Gläsern langsam in sich zusammensackte.

Das kam der Sache schon näher und beinhaltete auch gleich die Synthese. Sie wollte etwas sagen, aber hinterher, das wusste sie schon jetzt, würde es ihr lieber sein, sie hätte nichts gesagt. Also sagt sie, dass sie nichts sagen will, tut es dann aber trotzdem. Ich blickte vom Glas auf und nickte ihr aufmunternd zu. Man soll seine Mitmenschen nicht leiden lassen.

»Isch will ja nix gesacht habbe«, wiederholte sie mürrisch und betrachtete angewidert die beiden halbvollen Gläser, als hätte sie keine Ahnung, wie sie unter ihren Zapfhahn gekommen waren. Auch das ist eine Eigenart des Frankfurters. Manches muss er mehrfach sagen, solange, bis er sicher ist, dass jeder – auch er selbst – es verstanden hat.

»Abä isch bin froh, dasse wiedä fodd sin.«

Jetzt war es raus.

Die letzten Wochen waren für die Wirte der Stadt eine Art gastronomischer Vorhölle gewesen. Die Welt war zu Gast bei Freunden, das Waldstadion hieß *FIFA-Stadion Frankfurt*, auf der Zeil tanzten bis zum Morgengrauen Brasilianer mit Iranern und Australier mit Ghanaern, Engländer sprangen von den Mainbrücken, ein Holländer traf nur den Pfosten,[31] keine Wolke war am Himmel zu sehen und Italien wurde Weltmeister.

Und die Frankfurter waren plötzlich und unerwartet gut gelaunt. Den ganzen Tag. Vom frühen Morgen bis tief in die Nacht.

Es war grauenhaft.

Natürlich hatten die Wirte, wie das gesamte Dienstleistungsgewerbe, vom Luxuspuff bis zum ambulanten Kleingebäckverkäufer, traumhafte Umsätze verzeichnet, aber was zählte das, wenn man dabei die ganze Zeit höflich, fröhlich und zuvorkommend sein musste. Die Frankfurter pflegen Gäste grundsätzlich wie Familienmitglieder oder Freunde zu behandeln, ehrlich, offen und griesgrämig. Damit war nun Schluss, jedenfalls vier Wochen lang, in denen man Besuchern mit gesitteter Liebenswürdigkeit begegnen musste.

»Im Deutschen lügt man, wenn man höflich ist«, erkannte schon Goethe, und dieses Lügen ist dem Frankfurter im Allgemeinen und ganz besonders dem Frankfurter Gastronomiepersonal fremd. Da unterscheidet sich die Wirtin der *Alten Eule* in nichts vom Personal im noblen Westend-Café. Der Satz »Habbe mir ned« gehört in beiden Institutionen zum Inventar, ebenso wie der dazugehörige Tonfall, der irgendwo zwischen Empörung, Lebensverdruss und schlechter Laune changiert und jeden Gast in die Flucht schlägt, der nicht darauf eingestellt ist und die herzliche Ehrlichkeit, die daraus spricht, zu schätzen weiß.

Frau Kant wandte sich einem anderen Gast zu, dem just, nach zwei Schoppen, eingefallen war, dass er ja in einer anderen Kneipe auch noch einen Apfelwein stehen hatte, und der nun eilig zahlen wollte. In der *Alten Eule* sei er nur vorbeigekommen, um mal nach dem Rechten zu sehen, erzählte er, während er nach seinem Geld suchte. Außerdem warte in der anderen Kneipe ja auch noch eine Frau auf ihn. Als er gegangen war, schaute Frau Kant misstrauisch auf die beiden Biergläser, die immer noch halbvoll und mittlerweile völlig schaumlos unter dem Zapfhahn verharrten. Sie schüttelte den Kopf und zapfte langsam weiter.

»Die beide da hinne in de Eck solle doch da trinke, wo ihr Verein iss«, brummelte sie und wischte mit einem zweifelhaften Lappen über den Tresen.

Der Frankfurter war schon immer für eine gewisse Unverblümtheit im Ausdruck bekannt, im Gastgewerbe scheint jedoch in früheren Jahrhunderten eine eher freundliche Verbindlichkeit, wenn nicht sogar eine, wie man heute sagen würde, Dienstleistungsorientierung üblich gewesen zu sein. Reisende äußerten sich jedenfalls bis ins 19. Jahrhundert hinein immer wieder sehr erfreut über die Frankfurter Gastfreundschaft.

Als der Philosoph Arthur Schopenhauer 1833 nach einer neuen Zuflucht suchte – nachdem er wegen der Cholera aus Berlin und wegen Langeweile und einer Mückenplage aus Mannheim geflüchtet war –, stellte er auf dem Deckel eines Rechnungsbuches eine Liste mit Vor- und Nachteilen von Frankfurt zusammen. Neben »besseres Schauspiel, Oper und Concerte. Mehr Engländer« bilanzierte er auch »bessere Kaffeehäuser« und zog nach Frankfurt. Die von ihm aufgelisteten Vorteile werden in Frankfurt gerne zitiert, die Nachteile eher weniger: »Es ist eine kleine, steife, innerlich rohe, Municipal-aufgeblasene, bauernstolze Abderiten-Nation, der ich mich nicht gerne nähere.«

In Frankfurt pflegte Schopenhauer einen minutiös geplanten Tagesablauf: Morgens schrieb er pessimistische Traktate, die keiner lesen mochte, dann spielte er zum Verdruss seiner Nachbarn bis mittags Flöte, am Nachmittag spazierte er mit seinem Pudel am Mainufer entlang und grantelte gestikulierend vor sich hin. Seine Mahlzeiten nahm er stets in Gasthäusern ein, wobei er den Gastwirten wie auch dem Personal seine Erkenntnisse näherzubringen versuchte.

Die Welt sei ein Jammertal.

Eine schlechtere Welt könne es überhaupt nicht mehr geben.

Alles Glück sei Illusion.

»Denn alles Streben entspringt aus Mangel, aus Unzufriedenheit mit seinem Zustande, ist also Leiden, solange es nicht befriedigt ist. Keine Befriedigung aber ist dauernd, vielmehr ist sie stets nur der Anfangspunkt eines neuen Strebens.«[32]

Diese Einsicht untergräbt natürlich das Selbstverständnis jedes Gastronomen, der sein Lebensglück daraus bezieht, seine Gäste zu bewirten. Was auch immer er serviert, Bier und Geselchtes oder Kaffee und Torte, es bringt keine dauerhafte Befriedigung. Nach jedem getrunkenen Bier ist der Durst nach einem weiteren nur größer und wird der Schmerz noch mächtiger, zumindest der Schädelschmerz am nächsten Morgen.

Schopenhauer lebte mehr als 27 Jahre in Frankfurt, nahm also ungefähr zehntausend Mittagessen in Gasthäusern zu sich, dazu kommen Besuche in Kaffeehäusern und gelegentliche Abendessen. Als er 1860 starb, hatten sich in der Frankfurter Gastronomie das Granteln, die Unzufriedenheit und die schlechte Laune durchgesetzt.

Frau Kant stellte ein weiteres Bier vor mir ab. Den Schaum, der dabei auf meinen Arm schwappte, wischte sie mit den Worten »Des macht nix« nonchalant weg.

Die beiden Gäste aus der Ecke hatten es mittlerweile aufgegeben, der grantelnden Wirtin noch ein Bier zu entlocken. Vermutlich tranken sie am nächsten Wasserhäuschen weiter, wo man weniger wählerisch bei der Auswahl der Gäste ist und es mit der Bedeutung des gesprochenen Wortes auch nicht so genau nimmt.

[31] »Holländer trifft nur den Pfosten« war die Schlagzeile im Lokalteil der Frankfurter Rundschau, nachdem ein niederländischer Frachtkahn einen Pfosten des im Main installierten Großbildschirms gerammt hatte.

[32] Arthur Schopenhauer: Die Welt als Wille und Vorstellung. Köln 1997, Erster Band, §56.

Weinbrand, Wahnsinn, Wasserhäuschen

Ball flach halten, Frau Doktor, Ball flach halten und nichts überstürzen. Die höheren Kreise, das sind doch auch alles nur Schweine.«

Der kleine Mann am Wasserhäuschen, der eine kurze karierte Hose mit einem schon etwas ausgebeulten Jackett kombiniert hatte und dazu Socken und Sandalen trug, sprach zu niemandem im Besonderen. Mit einer Hand hielt er sich krampfhaft am schmalen Resopaltresen fest, um vom Schwung seiner Rede nicht mit- und umgerissen zu werden, mit der anderen hielt er eine leere Bierflasche umklammert, der seine ganze Aufmerksamkeit galt.

Das Wasserhäuschen ist in Frankfurt eine Institution, wobei nur im historischen Kontext begreiflich wird, warum bei ihrer Bezeichnung ausgerechnet auf Wasser Bezug genommen wurde. Ursprünglich war diese Einrichtung nämlich tatsächlich als Bollwerk gegen den verbreiteten Alkoholismus in der Arbeiterschaft gedacht, was heute geradezu drollig wirkt.

Die ersten Wasserhäuschen entstanden gegen Ende des 19. Jahrhunderts, als Frankfurt zwar bereits über eine Kanalisation verfügte, das Leitungswasser aber nicht ohne vorheriges Abkochen getrunken werden konnte. Dem durstigen Arbeiter, der kaum Gelegenheit und Muße zum Wasserkochen hatte, blieben daher nur Bier, Apfelwein oder Schnaps als preiswerte Alternative zum chronischen Durchfall. Die bekannten Nebenwirkungen nahm er billigend in Kauf. Da sich jedoch die Fälle des öffentlichen Alkoholismus häuften und Anstoß bei denen erregten, die sich mit abgekochtem Wasser zufriedengaben, beschloss die Stadtverwaltung, Gegenmaßnahmen zu ergreifen. Zufällig hatte man gerade herausgefunden, wie man mit Kohlensäure versetztes Quellwasser – in Frankfurt als ›Bitzelwasser‹ bekannt – so in Flaschen abfüllen konnte, dass diese nicht bei der kleinsten Erschütterung explodierten und die

Kohlensäure trotzdem in der Flasche blieb. An den neu eingerichteten Wasserhäuschen der *Frankfurter Mineralwasser-Trinkhallen-Anstalt mit Kugel-Flaschensystem* sollte dieses Wasser preiswert an den durstigen Arbeiter verkauft werden.

Die Stadtverwaltung hatte jedoch – unerklärlicherweise – nicht damit gerechnet, dass der Arbeiter keineswegs bereit war, auf die segensreichen Nebenwirkungen von Bier, Apfelwein und Schnaps zu verzichten, und die Betreiber der Wasserhäuschen schnell neue Geschäftsideen entwickelten. Die Wasserkästen wurden beiseitegeräumt, der gewonnene Raum mit Bier, Apfelwein und Schnaps gefüllt und die flächendeckende Versorgung der Bevölkerung mit alkoholischen Getränken jeder Art war damit sichergestellt. Um auch die Kleinsten an das Angebot heranzuführen, wurde das Sortiment zudem zügig durch Brausepulver, Erdbeerschnüre und saure Stäbchen erweitert.

Das Wasserhäuschen ist heute aus dem Stadtbild nicht wegzudenken, wobei sich seine Bedeutung nicht darin erschöpft, die arbeitende und nicht arbeitende Bevölkerung mit dem Nötigsten (Binding Export, Chantré, Marlboro Menthol) zu versorgen. Die Relevanz des Wasserhäuschens geht über die einer reinen Verkaufsstelle weit hinaus, es ist vielmehr ein Ort der inneren Einkehr, ein Tempel der Kontemplation. »Wasserhäuschen stehen an Orten des Übergangs«,[33] hier vergeht die Zeit anders als an anderen Orten, hier gelten andere Regeln – und nicht zuletzt sind Wasserhäuschen auch Orte der Poesie. Damit nimmt das Wasserhäuschen eine viel ältere, schon verloren geglaubte Tradition wieder auf.

»Ich liebe mein Elend und habe eine Hoffnung, es ist auf den unglücklichen Bruder der Poesie, den Wahnsinn.« Nein, das sagte nicht der kleine Mann am Kiosk, sondern Clemens Brentano, der romantische Dichter aus Frankfurt und mit Achim von Arnim Herausgeber der Liedersammlung *Des Knaben Wunderhorn.* Das Wasserhäuschen gab es zu seiner Zeit zwar noch nicht, dafür aber dessen aristokratischen Vorläufer, das Gartenhaus, das in der ursprünglichen Bedeutung des Begriffs ja ebenfalls ein Kiosk ist und für die Dichter der deutschen Romantik auch die gleiche Funktion hatte: Man saß beisammen, ließ die Zeit vergehen, schüttete Wein in sich hinein, erwog das eine oder andere Mal, sich vielleicht später am Tag vor lauter romantischen Gefühlen noch in den Main zu stürzen, und redete ganz allgemein vor sich hin. Ein anderer Romantiker, Friedrich von Hardenberg, bekannt als Novalis, erkannte »daß, wenn einer bloß spricht, um zu sprechen, er die herrlichsten, originellsten Wahrheiten ausspricht. Will er aber von etwas bestimmten sprechen, so läßt ihn die launische Sprache das lächerlichste und verkehrteste Zeug sagen.«[34]

Eine Erkenntnis, die an jedem besseren Wasserhäuschen täglich belegt wird, zum Beispiel durch den kleinen Herrn am Resopaltresen: »Elsa, ob ich das Schlimmste bin, was dir jemals passiert ist, Elsa, das steht doch noch gar nicht fest. Das wird sich erst später herausstellen, Elsa.«

[33] Kurt Wettengel: Frankfurter Wasserhäuschen. Frankfurt 2004.

[34] Novalis: Dichtungen. Hamburg 1999.

Mit Beginn der Industrialisierung kam es zu dem hier dargestellten, lange andauernden Zwist zwischen den Zünften, die die traditionellen Handwerksbetriebe vertraten, und den neu entstehenden Manufakturen, die schneller, günstiger und in besserer Qualität lieferten als die Handwerker. Als die Manufakturen auch noch dazu übergingen, ihre Kunden freundlich und zuvorkommend zu behandeln, wurden sie verboten und mussten sich außerhalb der damaligen Stadtgrenzen, beispielsweise in Höchst oder Bockenheim, ansiedeln.

Der Frankfurter Stadtelefant

Im Jahr 1827 ereignete sich nicht viel in Deutschland. Es war die Zeit des Biedermeier, man ging viel spazieren, interessierte sich für Inneneinrichtungen, spielte am Abend Klavier und begab sich dann früh zu Bett. Zeitungen schrieben über Mode, Landschaftsidyllen und die neuesten Kammermusikstücke; die Motive der Zeit waren Herren mit Hut, die an Blumen schnuppern, und Damen mit Schirm, die herumflanieren. Kurz, über dem Land lag eine erstickende Langweile wie eine dicke, geblümte Daunendecke.

So auch in Frankfurt. Dort aber wurde eines Tages der friedliche Trott gestört, hier sorgte ein Elefant für eine belebende Debatte, den Nervenzusammenbruch des Bürgermeisters sowie mehrere, jahrzehntelang andauernde Rechtsstreitigkeiten.

Die Aufregung begann im Rat der Stadt, der über den Antrag einer gewissen Madame Leclerf zu entscheiden hatte, die anlässlich der Frankfurter Frühjahrsmesse ihren dressierten »éléphant gastronome« einer interessierten Öffentlichkeit vorzuführen wünschte. Derartige Vorführungen waren in Frankfurt durchaus bekannt und beliebt, und der Ältere Bürgermeister Friedrich Wilhelm Phillip von Malapert gen. Neufville erwartete eine schnelle Entscheidung, nach welcher er sich für den Rest des Tages wieder in sein Privatleben zurückzuziehen gedachte. Seine Gemahlin hatte gerade ein paar sehr vielversprechende Klaviernoten eines gewissen Herrn Chopin erworben.

»Meine Herren«, begann er und ließ einen überraschten Blick über die in ungewöhnlich großer Zahl erschienenen befrackten Herren schweifen, von denen die meisten allem Anschein nach überhaupt nicht zum Stadtrat gehörten. »Ich denke, wir sind heute schnell fertig. Da wäre nur die Anfrage wegen dieses Elefanten…«

Die Vertreter der Hoteliers, der Schankwirte, der Laugenbäcker sowie der Fettkonditoren bekundeten sofort laute Zustimmung. Es sei unerlässlich, dass der Elefant nach Frankfurt komme, das Gastgewerbe liege am Boden, alle gingen nur noch spazieren und dann ins Bett, und auswärtige Gäste seien so rar wie, nun ja, wie Elefanten in Bornheim.

»Gut«, fuhr Herr von Malapert fort. »Wir könnten dann vielleicht gleich abstimmen …«

Der preußische Gesandte unterbrach ihn mit einem lauten »Ha!«. Wenn Frankfurt denke, fügte er hinzu, als er sich der vollen Aufmerksamkeit aller Anwesenden gewiss war, wenn Frankfurt auch nur daran denke, mit diesem Tier, das, wie man höre, aus Frankreich komme, sein Militär aufzurüsten, werde Preußen sich Maßnahmen vorbehalten, über die andernorts zu entscheiden sei.

»Wenn ich den Antrag der Dame richtig verstehe, handelt es sich keineswegs um einen Kampfelefanten«, erwiderte der Bürgermeister verwirrt. »Offenkundig kann das Tier von einem Teller essen und einen Korken aus einer Flasche ziehen.« Dass die angekündigten Fähigkeiten des Elefanten auch das Abschießen einer Pistole beinhalteten, verschwieg er lieber.

Einen Korken aus der Flasche ziehen könne er auch, ließ sich der Vertreter der Metzgerinnung vernehmen.

Vielleicht solle man dann ihn anstelle des Elefanten ausstellen, entgegnete der Vertreter der Bauereien.

Das sei nicht lustig, zischte der Stadtkommandant in das aufkommende Gelächter und sorgte für sofortige Stille. Es handle sich um ein gefährliches Tier. Die Sicherheit der Bevölkerung sei gefährdet. Er müsse dringend abraten.

An dieser Stelle erhob sich ein braun gebrannter Herr mit Backenbart, der das Senckenbergmuseum vertrat, und erklärte, er sei gerade von einer mehrjährigen Afrika-Expedition zurückgekehrt und könne aus eigener Erfahrung sagen, dass männliche Elefanten in regelmäßigen Abständen in eine Art Rausch verfielen, in welchem sie dann ganze Dörfer dem Erdboden gleichzumachen pflegten. Dieser Zustand sei vollkommen unkontrollierbar. Er sei jedoch kein Experte, und man solle bitte davon Abstand nehmen, von ihm irgendeine wissenschaftliche Expertise zu erwarten.

Der Vertreter der Brauereien wollte einen weiteren Scherz auf Kosten des Vertreters der Metzgerinnung machen, wurde aber vom preußischen Gesandten gehindert, der wiederum »Ha!« rief. Er kam allerdings ebenfalls nicht zu Wort, denn nun meldete sich der in seiner Ehre verletzte Stadtkommandant wieder und stellte klar, dass die städtischen Militär- und Polizeikräfte sehr wohl in der Lage seien, einen außer Kontrolle geratenen Elefanten zu überwältigen. Notfalls würde man Kanonen einsetzen.

»Kanonen?«, fragte der Bürgermeister. »In der Stadt?«

So habe man das auch in Venedig gemacht, bestätigte der österreichische Gesandte. 1819 habe man dort einen wildgewordenen Elefanten mit einer Kanone erschossen, ebenso 1820 in Genf.

»Ach«, sagte der Bürgermeister, der hoffte, dass der preußische Gesandte nicht wieder »Ha!« rufen würde. Das machte ihn nervös.

Das sei vielleicht gar nicht nötig, erklärte der Seniorchef der Metallgießerei J.S. Fries. Man könne einen stabilen Käfig bauen. Er wurde jedoch vom Obermeister der Schmiedezunft unterbrochen, der klarstellte, dass die Firma Fries nur Metall gießen, die einzelnen Metallstücke jedoch nicht zusammenbauen dürfe. Dies sei ausschließlich den Schmieden vorbehalten.

Während der Streit zwischen Eisengießerei und Schmiedezunft zu eskalieren drohte, wandte sich der österreichische Gesandte mit gedämpfter Stimme an den Bürgermeister. Das Fleisch des in Venedig erschossenen Elefanten sei damals bis nach Wien gelangt, und die Gattin des Gesandten habe einen vorzüglichen Rüsserlbraten mit Erdäpfelknödeln zubereitet. Der Vertreter der Metzgerinnung, der mitgehört hatte, stellte klar, dass nur zugelassene örtliche Metzgermeister das Elefantenfleisch portionieren und verkaufen dürften. Der österreichische Gesandte empfahl daraufhin Meerrettich als Beigabe zum Elefantenbraten, um den etwas strengen Geschmack zu überdecken. Der preußische Gesandte, der »Metternich« verstanden hatte, rief wieder »Ha!«, wurde aber nicht weiter beachtet, da sich nun auch die Vertreter der Hoteliers und Schankwirte in die Debatte mischten und ihren Anteil am Elefantenfleisch forderten. Der Herr mit Backenbart reklamierte das Skelett, die Stoßzähne und die Haut des Elefanten für das öffentliche Naturalienkabinett des Senckenbergmuseums. Der Vorsitzende der Handelskammer regte die Gründung einer Elefantenschau-Aktiengesellschaft an. Der österreichische Gesandte fragte, welchen Wein man zum Elefanten zu reichen gedenke und ob er schon einen Tisch reservieren könne.

Das Protokoll der Ratsversammlung verzeichnete für diesen Tag eine äußerst lebhafte Debatte, an der neben Ratsmitgliedern auch die Repräsentanten verschiedener europäischer Mächte sowie Vertreter städtischer Körperschaften und der Wirtschaft teilgenommen hätten.

Die Versammlung endete im Morgengrauen mit der Verabschiedung eines Entschlusses, der alle Aspekte der Anwesenheit von Elefanten in der Stadt regelte, insbesondere des Verbleibs der sterblichen Überreste für den Fall, dass der Elefant während seines Aufenthalts auf natürlichem oder gewaltsamem Wege zu Tode kommen sollte. Die Stadtwache war gebeten worden, geeignete Kanonen bereitzuhalten, und an den preußischen König hatte man vorsichtshalber eine Ergebenheitsadresse formuliert. Der Bürgermeister kam mit Kopfschmerzen sowie allen Anzeichen nervlicher Zerrüttung nach Hause und redete unverständliches Zeug über Rüssel und Kanonen, sodass seine Frau am Morgen einen Arzt kommen ließ, der für mehrere Tage strengste Ruhe verordnete.

Als Baba, die Elefantin der Madame Leclerf, dann zur Frühjahrsmesse nach Frankfurt einmarschierte, sorgte sie zunächst für Entäuschung. Madame Leclerf wollte verständlicherweise mit der Zurschaustellung ihres Rüsseltiers Geld verdienen, daher befand es sich zum Transport in einem geschlossenen

Wagen, der jedoch unten offen war, damit der Dickhäuter ihn selbst bewegen konnte und nicht von einem weiteren Elefanten gezogen werden musste – der dann ja auch wieder vor den Augen der Öffentlichkeit hätte verborgen werden müssen. Da die engen Gassen der Frankfurter Altstadt nicht elefantentauglich waren – selbst der Vorsitzende der Metzgerinnung war schon mehrfach in engen Gassen steckengeblieben und hatte mit Hilfe einer Winde und eines Eimers Schweineschmalz befreit werden müssen – wurde Baba für die Nacht in einem Stall in der Neustadt nördlich der Zeil untergebracht.

Der Auftritt des Dickhäuters hätte nun am nächsten Morgen ohne weitere Debatten und Komplikationen über die biedermeierliche Bühne gehen können, hätte nicht der Besitzer des Stalls, ein etwas zwielichtiger Herr, der unter anderem eine illegale Apfelweinkelterei unterhielt, in einem Verschlag neben dem Stall mehrere Doppelzentner angefaulter Äpfel aus der letzten Ernte sowie etliche Fässer Apfelwein gelagert. Madame Leclerf fand daher am Morgen einen sturzbetrunkenen, leise rülpsenden Elefanten vor, der vollkommen außerstande war, sich auf den Beinen zu halten, geschweige denn von einem Teller zu essen. Ihm gar eine Pistole in den Rüssel zu geben, kam überhaupt nicht in Frage.

Die Enttäuschung der Frankfurter schlug nun in Empörung um. »Madame Leclerf und ihr schlafender Elefant« war nicht die Attraktion, die man erwartet hatte. Auswärtige Gäste drohten mit umgehender Abreise, sollte der Elefant nicht in absehbarer Zeit entweder Männchen machen oder wenigstens Amok laufen. Der Stallbesitzer verlangte, für den Apfelwein entschädigt zu werden. Die Aktien der in Gründung befindlichen Elefantenschau-Gesellschaft fielen ins Bodenlose. Die Stadtwache brachte sicherheitshalber die ersten Kanonen in Stellung, während der österreichische Gesandte mit dem Koch des *Gasthofs zum Weidenbusch* die Zubereitung des Dickhäuters diskutierte. Der preußische Gesandte schickte verschlüsselte Depeschen nach Berlin.

An allen Ecken wurde der schlafende Elefant diskutiert. Klaviernoten blieben ungespielt, und Spazierwege verwaisten. Ganz Frankfurt blickte auf einen verkaterten Elefanten.

Nur der Bürgermeister schaute aus dem Fenster seines Amtszimmers, vor dem erfreulicherweise keine Elefanten zu sehen waren. Von seinem Zusammenbruch nach der strapaziösen Ratssitzung hatte er sich bei langen Spaziergängen und häuslichen Klavierkonzerten weitgehend erholt. Lediglich die Erwähnung von Elefanten führte zu einem unkontrollierten Zucken um die Mundwinkel. Leider sprach im Moment jeder ausschließlich von Elefanten.

Hinter ihm räusperte sich jemand.

»Väzeihung, Herr Berschermeisdä.« Es war sein Bürovorsteher, ein etwas verstaubt aussehendes Männchen, das untertänig an der Tür stand. »Drause stehe die Vädredä der Metzgä, der Schankwädde un der Hodells. Außädem der Stadtkommandand, der preußische Gesande und der Stadtbaumeisdä. Unn aaner vom Senggeberschmuseum ...«

»Und was wollen die alle noch? Ich habe den ..., das fragliche Tier doch schon beschlagnahmen lassen. Eben war schon die Besitzerin hier. Madame Soundso. Eine unerfreuliche Person mit erstaunlichem Wortschatz. Wenn Sie wüssten, was die mir ...«

»Ebbe deshalb. Des frachlische Dier gehödd ja jetz quasi uns, also der Stadt. Unn jetz wolle alle wisse, was mir mache wolle, mit dem ... also mit dem Dings.«

Der Bürgermeister sah ihn fragend an.

»Also der Stadtbaumeisdä schlächd vor, mir könnde den ... also des Dier nemme, um die Aldstadt zu saniern und wiedä moddän uffzebaue. Klassizisdisch, sacht er. Einmal dorsch die Gasse getribbe, unn mir habbe viel Platz, sacht er. Die Metzgä und Wirdde wolle des Dier stückweis serviern, und der Stadtkommandant will wisse, ob er jetz schieße derf oddä ned. Mir könnde nadürlich zuersd die Aldstadt pladd mache unn dann schieße unn dann ...«

»Hören Sie auf!«, rief der Bürgermeister. »Sind denn hier alle vollkommen verrückt geworden?«

»Darübä will isch mir kaan Urdeil erlaube, wenns rescht is, Herr Berschermeisdä«, entgegnete der Bürovorsteher würdevoll. »Abbä die Knoche von dem Dier bekäm dann des Senggeberschmuseum ...«

Dem Bürgermeister wurde schwindlig.

Das Problem wurde schließlich auf die übliche Frankfurter Art und Weise gelöst. Um die Ansprüche und Wünsche aller Seiten zu befriedigen, wurde eine Kommission eingesetzt, die jeden Dienstagnachmittag, unter reger Beteiligung der Öffentlichkeit, meist bis spät in die Nacht hinein tagte. Der Bürgermeister lehnte jede Mitwirkung strikt ab und verweigerte im folgenden Jahr auch seine Wiederwahl. Nach drei Jahren legte die Kommission einen vorläufigen Abschlussbericht vor, welcher der Stadt Frankfurt empfahl, zu Zwecken der Volksbildung, der Stadtsanierung sowie der Förderung des Fremdenverkehrs einen städtischen Elefanten anzuschaffen. Zu diesem Zweck solle eigens ein Zoologischer Garten eingerichtet werden, in welchem jedoch der Ausschank alkoholischer Getränke strengstens untersagt werden solle.

Das Tier, das die Debatte erst ausgelöst hatte, war zu diesem Zeitpunkt samt seiner Besitzerin schon lange spurlos verschwunden. Allem Anschein nach hatte Madame Leclerf die Stadt bereits in der Nacht nach der Beschlagnahmung des Elefanten heimlich verlassen. Nach einigen Monaten trat sie in anderen Teilen Deutschlands wieder mit einem Elefanten namens Baba auf. Es konnte allerdings nie geklärt werden, ob es sich dabei um jenes Tier handelte, mit dem sie nach Frankfurt gekommen war. Auffällig war jedoch, dass beim österreichischen Gesandten ebenso wie beim Vertreter der Metzgerinnung sowie weiteren Honoratioren der Stadt in den Wochen nach dem geheimnisvollen Verschwinden des Elefanten eine erhebliche Zunahme der Leibesfülle zu verzeichnen war.

Der Reichsgeneralerbpostmeister war in Frankfurt nicht erwünscht

Wenn es zum persönlichen Lebensentwurf gehört, schon mittags im staubigen Frack hackedicht auf der Straße zu liegen oder nur mit einer Toga bekleidet auf einer Eisscholle den Main hinabzuschwimmen und dabei in fünffüßigen Jamben ein naturnahes Leben zu predigen – in Frankfurt kein Problem. Man muss es sich nur gegebenenfalls gefallen lassen, mit einem nicht unbedingt schmeichelhaften Spitznamen belegt zu werden – Lord Blummekohl, der Iseborjer Watz oder die Schnapsmarie sind belegte Beispiele hierfür. Auch die liebevolle Aufmerksamkeit der Presse wird einem gewiss sein, aber das ist vermutlich in den meisten Fällen kein unerwünschter Nebeneffekt.

Man könnte nun vermuten, dass sich diese vorurteilsfreie Nachsicht lediglich auf Bürger der Stadt bezieht, zumal der Frankfurter ja bekanntlich nur ungern bereit ist, das nahegelegene Ausland – Offenbach, Odenwald, Oberhessen – aufzusuchen, geschweige denn Fernreisen zu unternehmen. Tatsächlich ist dem Frankfurter aber jeder willkommen, der in der Stadt seinen Geschäften nachgehen will, sofern er dabei nichts Unrechtes – Limonade, Cola, Rotwein – in seinen Apfelwein gibt und gelassen mit der Offenherzigkeit der Einheimischen – »Geh doch fodd!« – umgehen kann. Und den Frankfurtern nicht reinreden will.

Woher einer kommt, war in Frankfurt immer ziemlich egal, ein jeder wurde stets unterschiedslos mit der gleichen Mischung aus Herzlichkeit und schlechter Laune behandelt. Einflussreiche Familien wie die Brentanos, Bolongaros und Guaitas waren beispielsweise im 17. und 18. Jahrhundert aus Italien nach Frankfurt eingewandert und hatten ihren Aufstieg als Händler für Südfrüchte und Wein begonnen. Dass sie aus Italien kamen, störte niemanden, und sie waren klug genug, angesichts der Abneigung der Frankfurter gegen Adelige ihre prächtigen mediterranen Titel abzulegen und bescheiden unter ihren Familiennamen zu firmieren – bei einem Magnifico de Brentano di Tremezzo hätte ein Frankfurter niemals seine Pomeranzen gekauft. Dass sie katholisch waren und daran hartnäckig festhielten, war da schon eher ein Problem und sorgte im streng lutherischen Frankfurt zunächst zwar für Verstimmung, aber dieses Hindernis ließ sich durch Heirat, Prozesse und Geld zur Zufriedenheit aller beseitigen.

Wirkliche Schwierigkeiten hatten im Lauf der Jahrhunderte nur wenige, die sich in Frankfurt dauerhaft niederlassen wollten. Giordano Bruno war einer von ihnen. Einen der bedeutendsten, noch dazu anti-katholischen, Philosophen seiner Zeit zu beherbergen hatte der Stadt durchaus gefallen, zumal er hier seine *Frankfurter Schriften* herausbringen wollte, die bereits vor der Veröffentlichung als sein philosophisches Vermächtnis galten. Allerdings stellte sich schon nach kurzer Zeit heraus, dass der streitbare Herr nicht nur gegen die katholische Kirche polemisierte, was man noch hätte hinnehmen können, sondern auch gegen die in Frankfurt herrschenden Lutheraner – wenn man es genau nahm, gegen alle und jeden. Da er zu bekannt war, um als harmloser Sonderling durchzugehen und er außerdem die Frankfurter Außenpolitik aus der sorgfältig austarierten Balance zu bringen drohte, entschied der Rat der Stadt 1591, »dass er seinen Pfennig anderswo verzehren soll« – was letztendlich dazu führte, dass Bruno in Rom auf dem Scheiterhaufen endete.

Der abtrünnige Mönch war leicht aus der Stadt zu entfernen gewesen, größere Schwierigkeiten machte die Familie Thurn und Taxis, die sich Anfang des 18. Jahrhunderts in Frankfurt niederlassen wollte. An der Zeil, genau da wo heute ein großes Loch in der Fassade einer Ladengalerie Aufmerksamkeit zu erregen versucht, befand sich schon seit 1610 eine der größten Niederlassungen der Thurn und Taxisschen Reichspost, hier kreuzten sich die deutschen Postkutschenlinien und sorgten dafür, dass Gäste aus allen Ecken Europas nach Frankfurt kamen.

1724 beschloss Fürst Anselm von Thurn und Taxis, die Firmenzentrale der Kaiserlichen Reichspost von Brüssel nach Frankfurt zu verlegen und dort eine Residenz zu bauen. Dieses Vorhaben stieß beim Frankfurter Stadtrat auf einhellige Ablehnung. Die Thurn und Taxis waren nicht zu vergleichen mit einem alten lombardischen Adelsgeschlecht, das in der Stadt einem bescheidenen und seriösen Pomeranzenhandel nachgehen wollte. Die Thurn und Taxis sammelten Titel wie andere Leute Briefmarken, und sie waren nicht bereit, auch nur einen davon wieder abzulegen. Sie strebten nach Macht, Geld und Einfluss.

Jahrhundertelang hatte man in Frankfurt dafür gekämpft, Fürsten, Grafen und andere Adelige aus der Stadt herauszuhalten, und nun wollte man sich nicht von einem hochadeligen Reichsgeneralerbpostmeister in das eigene Streben nach Macht, Geld und Einfluss reinreden lassen. Noch dazu war der Kerl katholisch und unterhielt für seine Postbediensteten eine eigene unabhängige Gerichtsbarkeit, die *Fürstlich Thurn-und-Taxissche General-Post-Direktions-Gerichts-Commission.*

Der Fürst kaufte schließlich über einen Mittelsmann ein Grundstück in der Großen Eschenheimer Straße, mit direkter Verbindung zur Poststation auf der Zeil – aber der Stadtrat weigerte sich, den Kauf anzuerkennen. Erst nachdem sich wiederholt Kaiser Karl VI. eingeschaltet hatte und den Frankfurter Stadtrat eindringlich darauf hingewiesen hatte, dass es sein persönlicher Wunsch sei, dass der Fürst sich in Frankfurt ansiedle, gab die Stadt fünf Jahre später nach. Allerdings nicht ohne einen Vertrag auszuhandeln, in dem unter anderem festgelegt wurde, dass ausschließlich Frankfurter Handwerker beim Bau beschäftigt wurden und der fürstliche Hausmeister keinen öffentlichen Getränkeausschank betreiben durfte. Insbesondere die Bevorzugung der Frankfurter Handwerker führte dazu, dass der Bau des Schlosses zehn Jahre dauerte, deutlich länger als geplant, und erst 1739 fertiggestellt wurde. Wäre es nach den Handwerkern gegangen, das Palais wäre nie fertig geworden. Nur durch permanente Intervention des Fürsten und des Kaisers waren sie zu bewegen gewesen, wenigstens zeitweise ihr Werkzeug in die Hand zu nehmen. Wie nicht anders zu erwarten war, übertrafen auch die Kosten die ursprünglichen Schätzungen um ein Vielfaches. Die Streitigkeiten wegen Baumängeln dauerten nach der Fertigstellung des Schlosses noch vier Jahre an, erst dann wurden die letzten Rechnungen bezahlt.

Fürst Anselm erlebte die Fertigstellung seines Palais nicht mehr. Sein Sohn, Fürst Alexander Ferdinand, etablierte eine prachtvolle Hofhaltung mit 160 Dienern, fünfzig Postbeamten und achtzig Pferden. Die Frankfurter waren wenig beeindruckt und drohten, den Fürsten samt seiner Nobeldroschke in den Main zu stürzen, sollte er sich erdreisten, auf die Frankfurter Politik Einfluss zu nehmen.

1748, neun Jahre nach Fertigstellung des Schlosses, zog die Familie Thurn und Taxis nach Regensburg. Offiziell weil Karl VII. den Fürsten zum Kaiserlichen Prinzipal-Kommissar – und damit zum ständigen Vertreter beim Immerwährenden Reichstag in Regensburg – ernannt hatte. Tatsächlich hat der Fürst es in Frankfurt einfach nicht mehr ausgehalten.

Den Fürsten war man nun los, das Palais blieb stehen und wurde ignoriert. Erst hundert Jahre nachdem der Hochadel nach Regensburg geflüchtet war, fand man eine sinnvolle Verwendung dafür – als Sitz des Deutschen Bundestages, der hier zwischen 1848 und 1866 tagte. Nun erwies sich das Palais als Glücksfall, denn ein anderes vergleichbar repräsentatives und geräumiges Gebäude hätte man in Frankfurt nicht zur Verfügung gehabt.

1866 kamen die Preußen und beschlagnahmten die Thurn und Taxissche Post samt Palais und Postkutschenstation. Den Redakteur der *Frankfurter Oberpostamtszeitung*, die seit 1616 in der Stadt erschien, traf bei seiner Verhaftung der Schlag.

Die Frankfurter bekamen von alledem dagegen nicht viel mit, denn sie waren viel zu sehr mit der Annektion ihrer Stadt beschäftigt.

Der Professor und die Ampel

Rückblickend betrachtet, hätte Theodor W. Adorno die Sache mit der Ampel vielleicht besser nicht angefangen. Jahrzehnte seines Lebens hatte er damit verbracht, den Verblendungszusammenhang der bürgerlichen Gesellschaft zu analysieren und die Fatalität der Dialektik der Aufklärung aufzuzeigen, welche die Erde ins triumphale Unheil, in den Totalitarismus und die verwaltete Welt geführt hatte – mit all den unerfreulichen Folgen, unter denen wir nun leiden, von der alltäglichen Unterwerfung des Individuums bis hin zu Fernsehsendungen, die den Zuschauer direkt in einen komatösen Zustand versetzen, der aber wiederum der einzige Zustand ist, in dem man sie überhaupt ertragen kann.

Aber letztendlich schien die Mühe umsonst gewesen zu sein, denn der Frankfurter hatte offenbar nur die Sache mit der Ampel verstanden.

Man kann Adorno nicht vorwerfen, untätig im Elfenbeinturm an der Senckenberganlage gesessen zu haben. Die Aufklärung seiner Mitmenschen lag ihm am Herzen. Er hielt sogar Vorträge im Rundfunk: In den fünfziger und sechziger Jahren war er fast täglich im Radio zu hören, mit über 300 Beiträgen. Aber der Frankfurter schaltete um auf den Landfunk mit Heiner, Phillip und Babett, wo – wie Adorno es ausgedrückt hätte – die Probleme des Individuums auf einem identischeren Level behandelt wurden:

»Mahlzeit Heiner. Du, maanst du, es wär jetz an de Zeit, die Kaddoffel ze pflanze?«

»Sischä Babett. Die Eisheilische sinn vorbei, un isch habb mei Kaddoffel schon seit gesdern in de Erd.«

Eines Tages, die Eisheiligen des Jahres 1962 waren lange vorüber und im Landfunk wurde schon über die nahenden Hundstage gesprochen, saß Adorno in seinem Büro im Institut für Sozialforschung und feilte an einem knackigen Aphorismus, der die Begriffe Kunst, Magie, Lüge und Wahrheit aufs Scharfsinnigste vereinen sollte. Da flog die Tür auf, seine Sekretärin fiel mit allen

Zeichen des Entsetzens ins Büro und verlangte nach Trost und Cognac. Eine Kollegin, ebenfalls Sekretärin am Institut für Sozialforschung, war soeben beim Überqueren der Senckenberganlage von einem Auto *überfahren und erheblich verletzt worden, nachdem an derselben Stelle wenige Tage vorher ein Passant tödlich verunglückt war.* Die heikle verkehrstechnische Situation war seit Langem bekannt: Die Stelle, an der die Straße überquert werden musste, war unübersichtlich. Eine Ampel fehlte ebenso wie ein Zebrastreifen oder ein Verkehrspolizist, dabei musste *diese Straße dauernd von all denen überquert werden, die ebenso an der Universität wie an den auf der anderen Seite der Senckenberganlage befindlichen Instituten arbeiten.* Und jetzt war es passiert.

»In unwürdiger Weise muss man über die Straße rennen, um nicht im buchstäblichen Sinn unter die Räder zu kommen«, dachte Adorno, während er der sich immer noch in Auflösung befindlichen Sekretärin tröstend über die zerzauste Frisur strich. Dann stand er auf und schritt durchs Büro, erst murmelnd, dann laut redend in der ihm eigenen Diktion. *»Sollte ein Student oder Professor in jenem Zustand sich befinden, der ihm eigentlich angemessen ist, nämlich in Gedanken, dann steht darauf ...«* Er blickte aus dem Fenster auf den gefährlichen Überweg, von dem man die verunfallte Sekretärin bereits entfernt hatte. *»... dann steht darauf unmittelbar die Drohung des Todes.«* Die Sekretärin sah ihn erschrocken an und schenkte sich zügig einen weiteren Cognac ein.

Ein Aphorismus? Nein, das hier war Teil von etwas Größerem. Kurz erwog Adorno einen akademischen Aufsatz über *Automobilisten*, die, *sofern sie nur das grüne Licht und damit nach ihrer Meinung das Recht auf ihrer Seite haben, die Fußgänger als störende Objekte betrachten.* Ein weiteres Exempel also für die Unterwerfung des Individuums unter das Recht des Stärkeren, zumal es hier noch nicht einmal eine Ampel gab.

Er strich sich über die Glatze, blickte vom Schreibtisch und dem angefangenen Aphorismus auf die Sekretärin, die sich mittlerweile ein erhebliches Quantum von des Professors Cognac einverleibt hatte und glasig zurückblinzelte. Nein, diesmal musste er sie alle erreichen.

Die Zeitung.

Die Sache musste in die Presse, und zwar in die bürgerliche. Da nicht zu erwarten stand, dass ihm die *Frankfurter Allgemeine Zeitung* freiwillig Raum für irgendwelche Forderungen einräumen würde, und sei es auch nach verstärktem polizeilichem Schutz des akademischen Verkehrs rund um die Frankfurter Universität, blieb nur ein Leserbrief als einzige Option. Die Sekretärin war für ein Diktat allem Anschein nach kaum mehr zu gebrauchen, also gab er sie in die Obhut eines Assistenten und machte sich an die Arbeit. *Eine Verzögerung wäre nicht zu verantworten* gewesen.

Der Brief mit der Forderung nach Verkehrsampeln und weiteren, *viel radikaleren Maßnahmen* in der Senckenberganlage erschien am 18. Juli 1962 in der *Frankfurter Allgemeinen Zeitung*. Das Echo war beträchtlich, wenn auch ernüchternd. Es reichte von leichtem Spott über distanzierten Beifall von verschiedenen Seiten bis hin zu einem soziologischen Diskurs, bei dem unter anderem die Frage aufgeworfen wurde, wie der Ruf nach polizeilicher Verkehrsregelung, also einer weiteren Unterwerfung unter einen Verwaltungsakt, mit der Forderung nach Befreiung des Individuums einhergehen könne, bzw. welche vertrackte Dialektik hier nun wieder im Gange sei.

Erfolg war Adorno allerdings nicht beschieden, jedenfalls nicht zu Lebzeiten. Die Vertreter der Herrschenden wiesen Versuche des Individuums, ihnen bei der Unterwerfung desselben reinzureden, barsch zurück. Außerdem sei kein Geld für Ampeln da. Erst 1987, fast zwanzig Jahre nach Adornos Tod, wurde im Zuge des U-Bahn-Baus eine Ampelanlage in der Senckenberganlage installiert. Bis zur Einrichtung eines Adornoplatzes samt Denkmal in Bockenheim im Jahr 2003 musste der Philosoph, Soziologe und Musiktheoretiker dem Frankfurter allein durch diese Ampel in Erinnerung gebracht werden.[35]

[35] Alle kursiv gesetzten Passagen sind Adornos Leserbrief an die Frankfurter Allgemeine Zeitung entnommen, der dort am 18. Juli 1962 im Lokalteil unter der Überschrift »Gefährliche Senckenberganlage« erschien.

Dieser freundliche, am Römer angebrachte Herr soll die Frankfurter Stadtverordneten an die gerne vernachlässigte Tatsache erinnern, dass die Neugier der Presse proportional zur gewünschten Geheimhaltung eines Themas ansteigt. Der hier dargestellte Journalist Friedrich August Müller-Rentz arbeitete für die berüchtigte Frankfurter Klatsch- und Boulevardzeitung *Die Sonne* und wurde dadurch bekannt, dass er einer geheimen Ausschuss-Sitzung in einem Kachelofen sitzend beigewohnt hatte.

Monsieur Blanchard geht in die Luft

Eine Postkutsche.
Ein Pferd.
Wenn es sein musste, ein Ochse.

Andere Menschen fanden auch Mittel und Wege, um von einem Ort zum anderen zu kommen. Monsieur Blanchard fragte sich ernsthaft, wie er auf die bescheuerte Idee gekommen war, mit einem gasgefüllten Ballon von Frankfurt nach Weilburg zu fahren. Es hätte andere Verkehrsmittel gegeben, selbst 1785. Er hätte zu Fuß gehen können. Oder wenigstens seine spektakuläre Ballonfahrt von einer anderen Stadt aus starten können, einer Stadt, in der die Zuschauer höflicher waren und nicht so laut schrien, noch dazu in dieser fürchterlichen Sprache. Dabei aßen sie ständig dieses trockene Salzgebäck und diese merkwürdig riechende Wurst und tranken literweise Bier dazu. Mittlerweile wünschte er sich, er wäre zu Hause geblieben und hätte einen anderen Beruf ergriffen als Luftfahrtpionier.

Stundenlang hatte die gewaltige Menschenmenge nun ausgeharrt und darauf gewartet, dass der Ballon endlich mit Wasserstoff gefüllt war. Es ging um nichts weniger als den Beginn der Luftfahrtgeschichte in Deutschland, auch wenn noch nicht absehbar war, wohin das alles führen würde – am 27. September 1785 waren Begriffe wie Navigationsfehler, Nachtflugverbot und Nacktscanner jedenfalls noch vollkommen unbekannt.

Ein Mensch, der vom Boden abhebt, ohne dass Gott oder der Teufel ihre Hände im Spiel haben – dieses Ereignis mochte sich niemand in der Stadt entgehen lassen, zumal sich herumgesprochen hatte, dass bei seinem vorherigen Flug, bei dem Blanchard zusammen mit dem Arzt Dr. John Jeffries den Ärmelkanal überquert hatte, der Ballon undicht geworden war, sodass die beiden Passagiere neben dem üblichen Ballast auch ihre Kleidung abwerfen und ihre Blasen entleeren mussten, um eine vorzeitige Landung im Wasser zu verhindern. Die Stimmung im Publikum war also prächtig, man erwartete ein Schauspiel, wie man es noch nicht gesehen hatte – aber als der Ballon samt Blanchard und dem Erbprinzen Ludwig von Hessen gerade abheben sollte, riss und sackte er unverrichteter Dinge in sich zusammen. Die Stimmung schlug um, die Menge tobte und brüllte – vor allem diejenigen Zuschauer, die keinen Eintritt bezahlt hatten. Das war zu viel für Monsieur Blanchard, der es schließlich seinem Ballon gleichtat und ebenfalls kollabierte.

Einer ansprechend inszenierten Sensation war der Frankfurter noch nie abgeneigt, insbesondere wenn dazu Laugengebäck und Bier serviert werden und der Ort des Spektakels in nicht allzu weiter Ferne liegt. Am liebsten wäre es dem Frankfurter natürlich, wenn er sich nur an sein Fenster begeben müsste, um frischgewählte Könige, elektrotechnische Vorführungen oder von vornherein zum Scheitern verurteilte Revolutionen zu betrachten. Goethes Mutter, die in ihrer Kindheit einmal vor Aufregung aus dem Bett gefallen sein soll, weil vor ihrem Fenster etwas Sensationelles mit Pauken und Trompeten vor sich ging, nahm sich beispielsweise 1795 als Alterssitz eine Wohnung am Rossmarkt, von dessen Fenster aus sie, mit einer Kanne Kaffee ausgestattet, den wichtigsten Attraktionen und Ereignissen der Stadt beiwohnen konnte, ohne das Haus verlassen zu müssen.

Allerdings kann nicht alles, was als Sensation angekündigt wird, die Massen gleichermaßen beigeistern. Als Philipp Reis 1861 im Physikalischen Verein das von ihm erfundene Telefon vorstellte, indem er Musik von einem Raum in den anderen übertrug, reagierte der Frankfurter skeptisch. Wenn jemand im Nachbarzimmer Musik spielte, warum sollte man das mittels »galvanischer Ströme« hören wollen? Entweder man fand Gefallen an der Musik, dann konnte man ins Nebenzimmer gehen und die Musik dort an Ort und Stelle hören, was ja auch dem Musiker gegenüber viel höflicher war. Oder, und dies war der wahrscheinlichere Fall, man wollte seine Ruhe haben und die Musik aus dem Nebenzimmer eben nicht hören, dann konnten einem auch die galvanischen Ströme gestohlen bleiben. Als er erkannte, dass die telefonische Musikübertragung beim Frankfurter Publikum auf wenig Resonanz stieß, versuchte Philipp Reis es mit Sprache. »Das Pferd frisst keinen Gurkensalat«, sprach er in seinen Apparat, und sein verdutzter Gesprächsteilnehmer im anderen Raum konnte den Satz hören und wiederholen. Aber auch dieses erste jemals geführte Telefongespräch konnte die Beobachter nicht überzeugen. Warum sollte man jemandem eine so banale Feststellung mitteilen wollen? Das wäre ja so, als würde man jemanden telefonisch darüber benachrichtigen, wo man sich gerade befinde.

»Isch wollt nur saache, isch bin jetz an de Haupdwach.«

Was für ein Unsinn!

Philipp Reis versuchte noch mehrmals, die Frankfurter von seiner Erfindung zu überzeugen, hatte aber bis zu seinem Tod keinen Erfolg damit. Er erfand noch die Rollerskates und das Fahrrad, aber auch das stieß in Frankfurt nur auf Gleichgültigkeit und Misstrauen. Reis starb 1874 an Tuberkulose und Enttäuschung.

Über das Stadium ›Zweifel und Misstrauen‹ war Monsieur Blanchard nach seinem gescheiterten Ballonversuch im September 1785 bereits hinaus. Hohn und Spott begleiteten den Luftfahrtpionier, als er in der Kutsche des Erbprinzen von Hessen nach Hause chauffiert wurde. Aber diese Schmach konnte er nicht auf sich sitzen lassen – ebenso wenig wie er die gewaltigen Schadensersatzforderungen der hiesigen Gastwirte begleichen konnte. Ein Besucher resümierte, dass wegen Blanchards Ballonfahrt »in den öffentlichen Häusern der Stadt kein Zimmerchen mehr für Geld zu haben war«,[36] und in den Dörfern der Umgebung sah es nicht besser aus. »Aus allen Fenstern kuckten Menschenköpfe hervor«, die natürlich etwas geboten bekommen wollten für ihr Geld. »Ich glaube nicht zuviel zu sagen, wenn ich zu behaupten mir getraue«, fährt der Besucher etwas umständlich, aber nichtsdestotrotz zutreffend fort, »daß Herr Blanchard der Stadt Frankfurt und der umliegenden Gegend ein paar Tonnen Goldes zugeführt habe. Es ist nicht übertrieben, wenn man annimmt, daß bloß einzelne Gastwirthe, wie z.B. der im rothen Hause, über zwei bis drei tausend Thaler bei dieser Gelegenheit gewonnen haben.«

Und dann sacken Ballon wie Ballonfahrer schlaff zusammen, und man hat die nörgelnde Kundschaft am Hals, die nach Nervenkitzel und Attraktionen verlangt? Das lässt kein Frankfurter Gastwirt mit sich machen. Monsieur Blanchard hatte keine andere Wahl, er musste in die Luft gehen, zumal die Stadt bereits eine Untersuchungskommission zur Ursache seines Scheiterns eingesetzt hatte.

Eine Woche nach seinem Fehlschlag, am 3. Oktober 1785, versuchte er es erneut. Diesmal war die Menschenmenge noch größer, die Erwartungen waren noch höher, ebenso die Eintrittspreise – nur ein Mitreisender wollte sich nicht mehr finden. Der Erbprinz von Hessen hatte wegen anderer Termine abgesagt und so die Chance vertan, als erster Luftfahrtpassagier Deutschlands in die Geschichte einzugehen.

Als der Ballon tatsächlich abhob und von der Bornheimer Heide Richtung Bockenheimer Warte davonschwebte, war das Publikum fast enttäuscht. Ein erneutes Scheitern oder gar ein spektakulärer Absturz wäre deutlich sensationeller gewesen, aber was soll man machen. Immerhin gab es Bier und heiße Rindswurst.

Monsieur Blanchard warf an der Bockenheimer Warte seinen Hund an einem Fallschirm ab, der auch wohlbehalten landete, vertilgte dann zwei Milchbrote und eine Flasche Wein und erreichte nach einigen Stunden Weilburg. Dort kam es noch zu einigen Verwirrungen, da die Einwohner der Stadt ihn nicht landen lassen wollten und seinen Anker immer wieder lösten. Der Ballonfahrer hielt die schroff ablehnende Haltung gegenüber dem Luftverkehr jedoch für ein Missverständnis und dachte, man wolle ihm helfen.

Wenige Tage später kehrte er mit der Kutsche nach Frankfurt zurück, wo sich auch der Rat der Stadt ungewöhnlich erkenntlich zeigte und einen Bruchteil des Geldes, das der Luftfahrer in die Stadt gebracht hatte, in Form von fünfzig Goldstücken huldvoll an Blanchard übergab. Außerdem geruhte die Stadt, die Unkosten für die Bereitstellung der Stadtwache, die Regelung des öffentlichen Verkehrs und weitere nicht näher bezeichnete Maßnahmen zu übernehmen, was, wie Blanchard schrieb, seine »dankbarsten Empfindungen noch mehr erregte«[37].

Um Frankfurt machte er allerdings fortan einen weiten Bogen.

[36] Alle Zitate aus: Johann Heinrich Campe: Erste Sammlung merkwürdiger Reisebeschreibungen für die Jugend. Braunschweig 1831.

[37] Jean-Pierre Blanchard: Bericht von Herrn Blanchards am 3. Oktober 1785 zu Frankfurt am Mayn unternommene Luftreise. Frankfurt 1785.

Frankfurts erfolgreichstes Theaterstück

Der Frankfurter lebt gerne in Frankfurt, ist aber dennoch unzufrieden. Das ist, kurz zusammengefasst, das Ergebnis der Bürgerbefragung 2009 – und das war auch das Ergebnis aller vorherigen Umfragen. Womit der Frankfurter unzufrieden ist, kann man vernachlässigen; da fahren halt Autos auf den Straßen, es gibt bessere Wohnungen als die, in der man haust, aber in denen leben schon andere und wollen partout nicht ausziehen, und von Zeit zu Zeit treibt sich auch noch ein Unhold in den Straßen herum und kümmert sich mit mehr Engagement als Sachverstand darum, dass der Stadt der Titel ›Hauptstadt des Verbrechens‹ nicht verlorengeht.

Wenn es das alles nicht gäbe, wäre der Frankfurter mit etwas anderem unzufrieden. Dem Nachbarn, dem diesjährigen Apfelwein, oder, wenn es sonst gar nichts mehr gibt, dem Wetter oder dem Umstand, dass auf den Straßen nichts los ist. Er ist halt einfach gerne unzufrieden, und wenn man ihm das nehmen würde, wäre er nicht mehr zu ertragen.

Gerne einmal unzufrieden ist der Frankfurter natürlich auch mit seinem Theater, bis auf eine Ausnahme, von der gleich die Rede sein wird.

Ein Komödienhaus gab es in Frankfurt seit 1782, es stand aber bereits zehn Jahre später vor dem Ruin, da das Programm nicht gefiel und die Eintrittpreise zu hoch waren. 1792 wurde daher die »Erste Frankfurter Theateraktiengesellschaft« gegründet und eine neue Direktion eingesetzt. Diesmal achtete man mehr auf den Geschmack und die Vorlieben des Publikums, das keine intellektuellen Tragödien sehen wollte. Auch die von Goethe nicht, was den lokalen Dichterfürsten schon vor Jahrzehnten bewogen hatte, die Stadt zu verlassen, um anderswo erfolgreich zu sein.

Auch unter der neuen Direktion litt das Frankfurter Theater unter Geldnot, wie alle Theater zu allen Zeiten. 1821 war es der Pensionsfond des Theaters, der dringend Geld benötigte, weshalb man eine Benefizvorstellung plante. Das Stück dazu hatte Carl Malß, der stellvertretende Direktor des Theaters, geschrieben: *Die Entführung oder: Der Alte Bürgerkapitän. Ein Frankfurter heroisch-borjerlich Lustspiel in zwei Aufzügen.*

Die Hauptperson: ein knotternder Gastwirt und Quartiersvorstand, der sich um die Liebeswirren seiner Tochter und seiner Nichte kümmern und alles zu einem guten Ende bringen muss.

Alle Protagonisten: aus dem Leben gegriffen.

Die Sprache: des Frankfurters eigenes Idiom.

Kritiker prophezeiten, das Stück werde durchfallen, der Frankfurter werde sich selbst erkennen und unzufriedener sein als jemals zuvor. Eine Katastrophe zeichnete sich ab.

Am 13. August 1821 hob sich der Vorhang, hinter der Bühne hielt man den Atem an, bis auf der Bühne der Satz fiel »Geb emohl der Schawell en Stumper.«[38] Das Publikum tobte vor Lachen und hörte damit bis zum Ende des Stückes nicht mehr auf. Das war das Stück, auf das der Frankfurter gewartet hatte. Da stand er selbst auf der Bühne und sagte Sätze wie: »Herr Kappedehn, ich habe die Ehr Ihne wohl geruht gehabt ze hawwe ze winsche.« Oder: »Neuschierig bin ich net – awer ich megts doch wisse.« Auch die lokale Einstellung zu Essen und Trinken wurde auf den Punkt gebracht: »Ich drinke um die Zeit kahn Schnaps, erscht muss der Kaffee drinne seyn un dann e Schoppe Wein un Solberknechelcher[39] odder sonst was Kaltes, dernochender lass ich mer aach e Glas Schnaps gefalle.« Schließlich kam auch das Verhältnis des Frankfurters zu seiner Stadt zur Sprache: »Schon wie ich vorm Dohr war, hot mich alles gereit, un es war mer so lähd – un uff de Ward, do fing ich an zu heile«, gesteht Gretchen, das im Liebesrausch dem Drängen eines preußischen Offiziers nachgibt und mit ihm die Stadt verlässt – aber glücklicherweise schon an der Friedberger Warte das Unbedachte seines Handelns einsieht, weshalb sich am Schluss alles zum Besten fügt.

Der Schlussapplaus war frenetisch, die Vorstellung musste schon am nächsten Abend wiederholt werden – und von da an immer und immer wieder. Selbst Goethe und Ludwig Börne äußerten sich lobend über das Stück, vor allem über den treffenden Naturalismus. Carl Malß, der wegen des Erfolgs zum Theaterdirektor befördert wurde, schrieb noch weitere Stücke, unter anderem erfand er die Figur des Hampelmanns, aber keines war so erfolgreich wie der *Bürgerkapitän.*

Das Stück wurde 45 Jahre lang in jeder Spielzeit gegeben, erst 1866 nach der Besetzung Frankfurts durch die Preußen wurde es abgesetzt – allerdings nicht wegen Desinteresses des Publikums. Stücke, in denen ein preußischer Offizier die Rolle des Bösewichts spielt, hätten sich keiner mangelnden Nachfrage beklagen müssen. Aber die preußische Regierung hatte kleinliche, wenn auch aus ihrer Sicht nachvollziehbare Einwände.

Auch der Darsteller der Hauptfigur, der Frankfurter Schauspieler Samuel Friedrich Hassel, wurde mit dem *Bürgerkapitän* berühmt. Er spielte die Rolle alle 45 Jahre lang, von der ersten bis zur letzten Aufführung, ohne dabei auch nur eine Kleinigkeit zu ändern – abgesehen davon, dass sein Kostüm zu jeder Spielzeit ein bisschen weiter gemacht und gelegentlich auch gewaschen wurde. Jede größere Abweichung hätte beim Frankfurter Publikum zu Unzufriedenheit und Protest geführt, also blieb alles so, wie es war. Engagements in anderen Städten lehnte Hassel ab. Vermutlich hätte ihn schon an der Friedberger Warte das Heimweh gepackt.

[38] Alle Zitate aus: Carl Malß: Die Entführung oder: Der Alte Bürgerkapitän. Frankfurt 1820.

[39] Ein Anhang zum Stück enthält neben einem Glossar noch umfangreiche Hinweise zur Grammatik des Frankfurterischen, zum Beispiel: »Zwischen da und einer damit verbundenen Präposition, z.B. *von, mit, zu, für* (Frankf. *vor*) wird ein *der* eingeschaltet, also *dadervor, dadermit, daderzu, dadervor, daderdorch*.«

Dank

Ich danke Dirk Jenders und Martin Beer für ihre kenntnisreichen Hinweise zu Richard Wagner bzw. zum Hirscheber, sowie für Aufmunterung, Zuspruch und viel Bier.

Ausgewählte Literatur

Reinhold Brückl: Lord Blummekohl und andere Frankfurter Originale. Frankfurt 1986

Lothar Gall: FFM 1200. Traditionen und Perspektiven einer Stadt. Sigmaringen 1994

Walter Gerteis: Das unbekannte Frankfurt. Frankfurt 1960

Walter Gerteis: Das unbekannte Frankfurt. Neue Folge. Frankfurt 1961

Walter Gerteis: Das unbekannte Frankfurt. Dritte Folge. Frankfurt 1963

Johann Jakob Hässlin: Frankfurt. München 1959

August Heuser, Matthias Theodor Kloft (Hg.): Der Dombrand von 1867. Zu einer Ausstellung im Historischen Museum Frankfurt. Frankfurt 2004

Heinrich Heym (Hg.): Frankfurt und sein Theater. Frankfurt 1963

Wolfgang Klötzer (Hg.): Frankfurter Biographie. Frankfurt 1996

Waldemar Kramer (Hg.): Frankfurt-Chronik. Frankfurt 1987

Ernst Mack: Von der Steinzeit zur Stauferstadt. Die frühe Geschichte von Frankfurt am Main. Frankfurt 1994

Hans Reimann: Was nicht im Baedeker steht. Band IX. Frankfurt. München 1930, Nachdruck Leipzig 1995